ética e internet:
Uma Contribuição para as Empresas

LOURDES MARIA SILVA FREITAS
MARIA DO CARMO WHITAKER
MARIO GASPAR SACCHI

ética e internet:
Uma Contribuição para as Empresas

LOURDES MARIA SILVA FREITAS
MARIA DO CARMO WHITAKER
MARIO GASPAR SACCHI

DVS Editora Ltda.
www.dvseditora.com.br

Ética e Internet: Uma Contribuição para as Empresas
Copyright © DVS Editora 2006

Todos os direitos para a língua portuguesa reservados pela editora. Nenhuma parte dessa publicação poderá ser reproduzida, guardada pelo sistema *retrieval* ou transmitida de qualquer modo ou por qualquer outro meio sem prévia autorização, por escrito, da editora.

Revisão: Revis'Art Assessoria Editorial
Projeto Gráfico e Diagramação: Crontec Ltda.
Capa: Spazio Publicidade e Propaganda

Dados Internacionais de Catalogação na Publicação (CIP)
(Câmara Brasileira do Livro, SP, Brasil)

Freitas, Lourdes Maria Silva
    Ética e internet : uma contribuição para as empresas / Lourdes Maria Silva Freitas, Maria do Carmo Whitaker, Mario Gaspar Sacchi. -- São Paulo : DVS Editora, 2006.

Bibliografia.
ISBN 85-88329-25-5

1. Correio eletrônico - Sistemas 2. Cultura organizacional
3. Direito de autor 4. Ética 5. Internet (Rede de computadores)
6. Internet (Rede de computadores) - Aspectos morais e éticos
I. Whitaker, Maria do Carmo. II. Sacchi, Mario Gaspar. III Título.

06-0239   CDD-658.4038011

Índices para catálogo sistemático:
1. Ética e internet : Administração de empresas
    658.4038011
2. Internet e ética : Administração de empresas
    658.4038011

Apresentação

Estudo de indiscutível valor é aquele veiculado, neste livro, pelos colegas Lourdes Maria Silva Freitas, Maria do Carmo Whitaker e Mario Gaspar Sacchi, intitulado *Ética e Internet: Uma Contribuição para as Empresas*.

A obra foi dividida em seis partes, e, à luz de bem elaborada pesquisa em cinco empresas, procuram os autores conformar uma teoria sobre a "Ética da Internet" ou a "Ética na Internet", que sirva de orientação para assegurar o adequado comportamento do internauta e a segurança da informação nas empresas.

A primeira parte é, necessariamente, teórica, em que as diversas aproximações do tema, à luz das quatro dimensões da aventura humana (intelectual, estética, moral e espiritual), são tratadas com precisão, passando pelas mais antigas correntes filosóficas (epicurismo e estoicismo) para análise objetiva das teorias contratualistas, utilitaristas e das empatias, inclusive a do conseqüencialismo, para adentrar no universo kantiano, nas contradições marxistas e existencialistas e chegar à densidade das atitudes éticas, com a virtude da solidariedade a informar a consciência.

A visão é teórica e prática. É interessante observar que a palavra Ética vem de *ethos* (costumes no grego) e moral vem de *mores* (costumes em latim), sendo, pois, mais pragmática sua visão, à luz da experiência romana, e mais especulativa, à luz da experiência grega.

Os demais capítulos cuidam da Internet, o segundo capítulo abordando-a como veículo de informação, comunicação e formação, a gerar uma educação continuada e socialização do conhecimento. Jamais o acesso às fontes do saber foi tão fácil.

O terceiro capítulo retoma a análise instrumental da Internet para a reflexão axiológica da cultura da empresa, os princípios que a fundamentam e o alicerce essencial das virtudes que se transformam em ação, pelo prisma da ética.

Colocadas as premissas, os autores discutem a privacidade e o uso do correio eletrônico, seu monitoramento, as parcerias possíveis para o controle e diversos outros aspectos, inclusive o exame de decisões judiciais.

O quinto capítulo é de particular relevo ao investigar as diversas facetas dos direitos autorais das publicações e criações do espírito humano na veiculação pela Internet, representando verdadeiro roteiro para as mais variadas questões jurídicas atinentes ao tema.

Por fim, o sexto capítulo — de longe o mais relevante, para efeitos de utilização prática — apresenta sugestões para implantação nas empresas do pragmatismo ético, ao lado da segurança na Internet.

São úteis os dois anexos a complementar o belo trabalho dos colegas que o elaboraram.

Só posso elogiar o esforço e o talento dos autores, a felicidade na escolha do tema, tão atual, a abordagem científica e prática com que enfrentaram os desafios jurídicos de uma das questões mais polêmicas na reflexão acadêmica, que é a provocada pelo uso da Internet.

Espero, pois, sucesso editorial à edição da obra, que, inequivocamente, faltava no cenário jurídico.

Parabéns aos autores e à Editora pela expressiva obra.

Ives Gandra da Silva Martins
Professor Emérito da Universidade Mackenzie e da
Escola de Comando e Estado Maior do Exército,
Presidente do Conselho de Estudos Jurídicos da Federação do
Comércio do Estado de São Paulo e do Centro de
Extensão Universitária (CEU)

Sumário

Prefácio .... **XI**

Introdução .... **XIII**

1. Principais Teorias Éticas Que Fundamentam os Princípios Universais · 1
    1.1 Quatro dimensões básicas da experiência humana 2
    1.2 A ética da virtude 3
    1.3 Epicurismo e estoicismo 3
    1.4 Contratualismo 4
    1.5 Teoria da simpatia 5
    1.6 Ética utilitarista 5
    1.7 Conseqüencialismo 6
    1.8 Ética Kantiana 7
    1.9 Marxismo 7
    1.10 Existencialismo 7
    1.11 A ética da convicção e a ética da responsabilidade 8
    1.12 Dimensões emergentes da atitude ética 8
    1.13 A virtude da solidariedade 11
    1.14 A formação da consciência 11

2. A Internet Como Veículo de Informação, Comunicação e Formação · 13
    2.1 O impacto das inovações tecnológicas nas empresas 14
    2.2 Comunicação 15

2.3 Informação 16
2.4 Formação 17
2.5 Educação continuada 18
2.6 Socialização do conhecimento 19

3. A Importância e os Benefícios Decorrentes da Cultura Ética das Empresas 23
3.1 Cultura da empresa 24
3.2 Princípios que podem fundamentar a cultura da empresa 26
3.3 Valores são as virtudes transformadas em ações 27
3.4 Dimensão ética 30

4. Privacidade e Uso do Correio Eletrônico Corporativo 31
4.1 Direito à intimidade 31
4.2 Privacidade como corolário do direito à intimidade 33
4.3 O ponto de vista ético 34
4.4 Parceria entre tecnologia e ética 35
4.5 Correio eletrônico 36
4.6 Visão dos estrangeiros 36
4.7 Monitoramento do correio eletrônico 38
4.8 Algumas decisões judiciais 40
4.9 Outro aspecto: a atuação do sindicato 41
4.10 Normas da Fundação Vanzolini 42

5. Abordagem Jurídica dos Direitos Autorais das Publicações e Criações do Espírito Humano Inseridas na Internet 43
5.1 Legislação aplicável 43
5.2 O bem jurídico protegido 44
5.3 O autor é o titular da obra 46
5.4 Registro da obra 46
5.5 Domínio público 47
5.6 Proteção do *software* 47
5.7 Conceito de *software* 47
5.8 Registro dos programas de computador e de seu nome comercial ... 48
5.9 Exercício do direito de autor 49
5.10 Aquisição do produto de modo legal 49
5.11 Direitos morais e patrimoniais 50

5.12 Possibilidade de cessão dos direitos patrimoniais ·············· 51
5.13 Das sanções às violações dos direitos autorais ················ 52
5.14 Direitos autorais sob a ótica do empregador ·················· 54

6. Sugestões para Implantação nas Empresas de Práticas de Ética e Segurança no Uso da Internet ···················· **57**
6.1 As empresas oferecem treinamento para os colaboradores ········· 57
6.2 As regras não deveriam onerar, mas servir de bússola ············ 58
6.3 Aspectos que devem ser considerados na elaboração do programa de uso da Internet ······························ 58
6.4 Alguns cuidados que podem ser adotados pelas empresas ········· 59
6.5 Alguns problemas comumente ocasionados pela conduta antiética no uso da Internet ································ 60
6.6 Algumas sugestões para manter um computador seguro ·········· 63
6.7 Princípios éticos a serem considerados ······················· 64

Conclusão ·· **65**

Anexo I Transcrição da Entrevista Concedida por Christin Mary Hokenstad ························· **69**

Anexo II Características das Empresas Pesquisadas e Resultados da Pesquisa ································ **73**

Referências Bibliográficas ·· **93**

Prefácio

Este é um novo mundo que já nasce em alta velocidade tecnológica e coloca-nos frente a desafios sem referência histórica. Há processos em que temos de julgar o comportamento de pessoas que escrevem intempestivamente na Internet, como se estivessem falando, empregam tamanha emoção e depois se arrependem. Contudo, no correio eletrônico, tudo está escrito e gravado. Não há como retroceder. Dizem que não é possível segurar uma palavra que já saiu da nossa boca, o que também ocorre com o clique do *mouse* no botão "enviar". A partir daí, é torcer para sermos corretamente compreendidos ou desculpados, mas nem sempre isso acontece.

Antes da Internet, escrevíamos uma carta e, seguramente, líamos duas ou três vezes antes de enviá-la. Agora existe certa ansiedade e muito rapidamente enviamos uma mensagem sem avaliar o que escrevemos. Felizmente muita gente já cria uma espécie de "gaveta" de quarentena para "esfriar" os *e-mails*. É uma técnica interessante que reduz o emocional do texto, pois, quando relemos o *e-mail*, tornamo-nos nossos próprios críticos e menos apegados a paixões.

A Ética na Internet nos faz recordar um princípio antigo, muito pouco usado em nossos dias: se vamos escrever algo, devemos passar o texto por dois crivos importantes, o primeiro é se estamos cientes de que o que vamos escrever é passível de aparecer na primeira página de um jornal, e o segundo é se o texto pode ser colocado em uma carta que será entregue aos nossos filhos e netos. Se a resposta for não, devemos rever o que estamos escrevendo.

Para terminar, gostaríamos de destacar o capítulo que versa sobre os direitos autorais das publicações e o valor das criações. Esse tema é de fundamental importância, pois a Internet já vem contribuindo sobremaneira e, em breve, deverá tornar-se uma das mais significativas provas de autoria. Recentemente, conseguimos reverter os direitos autorais de uma publicação utilizando os *e-mails* e suas datas como prova da autoria.

"Ética e Internet" é um trabalho da academia que vai à empresa, que ajuda a entender importantes questões da vida pós-moderna, além de ser um bom começo para um debate que, seguramente, permeará muito as nossas vidas. Parabéns à Lourdes, à Maria do Carmo e ao Mario por este trabalho.

Luís Norberto Pascoal
Presidente do Grupo DPaschoal

Introdução

Atualmente a ética empresarial ou a ética nos negócios está tomando grande impulso nos meios de comunicação, mas o significado dessa expressão pode ter conotação diversa, segundo a visão de cada um. De fato, alguns confundem ética com responsabilidade social, outros a encaram como honestidade nos negócios e outros entendem que se resume a um código que deve ser cumprido pelos colaboradores dentro da empresa, já que, fora desta, o empregado fará o que quer. Para os autores deste livro, em consonância com Lalande (1999, p. 348), a ética é a ciência que toma por objeto imediato os juízos de apreciação sobre os atos qualificados como bons ou maus. A ética empresarial atinge as empresas e as organizações em geral. A empresa necessita se desenvolver de tal forma que a ética, a conduta ética de seus integrantes, bem como os valores e convicções primários da organização, tornam-se parte de sua cultura.

Surge, então, a pergunta: A ética tem sua origem na primeira infância do indivíduo? E a resposta: sim e não.

A ética tem a ver com caráter, integridade, coerência, transparência e todos aqueles valores que compõem os seres humanos, livres e racionais, na sua trajetória de busca do bem e da verdade, na procura da felicidade. Se o modo de agir do ser humano segue o seu modo de ser e se esses valores fazem parte da formação da pessoa, será natural que haja uma tendência para a conduta ética.

Entretanto, caso o indivíduo não tenha tido o privilégio de receber esses valores em sua infância, trará em si, por natureza, a capacidade de adquiri-los e assimilá-los, o que poderá ocorrer em um ambiente empresarial que desenvolva condições favoráveis e que mantenha uma cultura ética.

Infelizmente nem tudo é tão simples. No decorrer deste livro será demonstrado que as potências humanas da inteligência e da vontade dirigem-se para a verdade e o bem. Contudo, a experiência mostra que nem sempre isso acontece. Com efeito, verdade e bem muitas vezes são difíceis de ser alcançados em virtude das próprias limitações dos seres humanos e da corrupção da consciência. Em Arruda (ARRUDA, WHITAKER E RAMOS, 2001, p. 47) são resumidos os três fatores que dificultam a adesão da vontade ao bem: a ignorância, a debilidade e a malícia. Daí resulta a necessidade de cada ser humano procurar se esclarecer, vencer as fraquezas e lutar contra a maldade que possa desviar a atração natural da vontade para o bem.

Morin (2002, p. 32), ao tratar da incerteza do conhecimento, aborda os múltiplos e permanentes fatores internos e externos que geram erro e causam ilusão. Os fatores procedentes do exterior, ou seja, cultural e social, ofuscam a mente humana e a impedem de atingir a verdade. Os fatores provenientes do interior fazem com que as capacidades humanas enganem a si próprias e sobre si mesmas.

A monografia transformada no presente livro está baseada em literatura que fundamenta os aspectos teóricos, em entrevista concedida por uma pesquisadora de Harvard e em questionários aplicados às empresas, que configuram a sua parte prática. Foi realizado levantamento dos problemas gerados nas empresas pelo uso indiscriminado da Internet, assim como dos mecanismos por elas empregados e das leis que asseguram os direitos pertinentes.

Com o advento da globalização e da nova ordem econômica mundial, o uso da Internet como veículo de disseminação da informação tornou-se cada vez mais difundido. As ferramentas disponibilizadas através de *softwares* constituem facilidades inegáveis no dia-a-dia das pessoas e das empresas. O comércio eletrônico está cada vez mais popularizado, dinamizando o mercado como um todo.

O usuário abre sua caixa postal e recebe o chamado *spam* (mala-direta) e *e-mails* (mensagens eletrônicas) auto-executáveis, os quais, muitas vezes, contêm vírus. Comunicações que prometem riquezas, imagens e fotos pornográficas, divulgação de boatos e até contratos cuja natureza jurídica é altamente questionável. O tema é atual, global, pouco explorado e de forte interesse geral. É estimulante porque envolve culturas diversificadas, porém estas compartilham do mesmo problema. Desperta a curiosidade pela complexidade do assunto e pela necessidade de criar mecanismos que sejam respaldados por uma regulamentação jurídica e por um código de ética baseado nos valores universais.

O principal objetivo deste livro é sugerir um conjunto de princípios e parâmetros que forneçam diretrizes para incentivar e reforçar condutas éticas nas empresas, como também para combater as práticas antiéticas disseminadas no mercado, quanto ao acesso à Internet.

O conteúdo do tema é de caráter dinâmico. Portanto, não existe a pretensão de esgotar o assunto, mas, sim, oferecer contribuições a partir de um conjunto de informações relevantes obtidas através de pesquisas a fontes fidedignas.

CAPÍTULO 1
Principais Teorias Éticas Que Fundamentam os Princípios Universais

Pode parecer um pouco estranho que em um livro, em que se pretenda ser o mais pragmático possível, dedique-se um capítulo aos aspectos filosóficos da ética. Quando no ensino fundamental eram ministradas aulas de filosofia, alguns estudantes, com desprezo, diziam que a filosofia é a ciência com ou sem a qual o mundo fica tal e qual. Pura superficialidade de mentes sem o traquejo de ponderar e meditar sobre a vida humana, seus acontecimentos, suas causas e seu fim.

Tom Morris, professor de filosofia durante quinze anos na Notre Dame University, oferece uma mostra clara da grande contribuição da filosofia clássica para as modernas organizações.

O autor explica:

> Filosofia, etimologicamente, significa "amor pela sabedoria": a palavra vem das antigas raízes gregas, *philo*, "amor" e Sophia, "sabedoria". [...] não se trata aqui do conhecimento da sabedoria. Trata-se de amor pela sabedoria. Se você tem um objeto de amor, abraça-o; se não o tem, busca-o. A filosofia, na melhor das hipóteses, não é apenas uma questão de encher nossas mentes com novas perguntas e conhecimentos profundos. É também assunto do coração. É buscar apaixonadamente e abraçar com toda a alma a sabedoria ou o genuíno *insight* sobre a vida. (MORRIS, 1998, p. 8).

Assim, nessa procura das causas e dos princípios gerais da existência, da natureza das coisas e de suas relações entre si, insere-se a ética, que é definida como "[...] a ciência que toma por objeto imediato os juízos de apreciação sobre os atos qualificados como bons ou maus" (LALANDE, 1999, p. 349).

Há autores que distinguem a ética da moral. Para efeito das considerações aqui lançadas, pode-se dispensar essa distinção. As duas expressões são usadas como sinônimas[1].

Já que se pretende falar de ética é preciso definir a conotação que lhe é atribuída pelos autores deste livro. A pergunta é: há uma única ética que se baseia em princípios universais, que se aplica a todos os povos de todos os tempos, ou a ética é passível de interpretação de acordo com as circunstâncias ou as oportunidades?

Ao contrário da opinião mais comum, que afirma que a idéia do bem e do mal varia segundo o tempo e as condições socioeconômicas, que nada é absoluto, que tudo é relativo, os autores entendem que há princípios universais e permanentes, que ultrapassam as fronteiras do espaço e do tempo.

O mundo presente vive mergulhado no relativismo ético. Sob a égide do relativismo, a ética torna-se subjetiva, sendo impossível chegar a qualquer conclusão objetiva e permanente. Esse é o grande dilema e limitação do mundo moderno: a ética esqueceu as suas origens como estudo filosófico, na Grécia clássica, sob a poderosa luz da inteligência de Sócrates. (RAMOS, Globalização e Ética, 2003)

1.1 Quatro dimensões básicas da experiência humana

Morris contrapõe-se à visão relativista revelando as quatro dimensões básicas existentes em toda experiência humana, em todas as culturas do mundo e ao longo de nossa história. Essas dimensões permanecem subjacentes à diversidade humana e já foram contempladas pelos filósofos da Antigüidade e por pensadores medievais. Hoje constituem, no dizer de Morris (1998, p. 21): "[...] a chave para a felicidade individual no trabalho e a excelência constante. Cada uma delas leva a uma meta, um alvo que, em si, constitui o alicerce para a satisfação humana duradoura".

As chaves citadas são:

♦ a dimensão intelectual, que almeja a verdade;
♦ a dimensão estética, que almeja a beleza;

---

1   A moral seria o corpo de preceitos e regras que visam dirigir as ações do homem, segundo a justiça e a eqüidade natural. A ética seria a parte da filosofia que aborda os fundamentos da moral (LAROUSSE, 1998, v. 10, p. 2286 e v. 17, p. 4078). Ou seja, moral é o conjunto de regras de comportamento que uma coletividade adota. A ética indaga e reflete sobre os fundamentos daquelas regras.

- a dimensão moral, que almeja a bondade;
- a dimensão espiritual, que almeja a unidade.

Morris (1998, p. 22) enfatiza que as quatro dimensões da experiência humana se apóiam nos quatro alicerces da excelência, fornecendo a chave para a redescoberta da satisfação pessoal no trabalho e para aquilo que ele denomina a "reinvenção do espírito da empresa em nosso tempo". Esta é a posição adotada pelos autores deste livro.

Importa considerar, de modo sucinto, algumas correntes filosóficas conhecidas, que fundamentam os diferentes enfoques da ética.

1.2 A ética da virtude

Dentre os filósofos gregos clássicos, destaca-se Aristóteles (384-322 a.C.) que, partindo da realidade das coisas, defendeu a ética da virtude. Para Aristóteles é na virtude que reside o fim do homem, isto é, a felicidade. A ética é a ciência de praticar o bem. O bem de cada coisa está definido em sua natureza. Do bem depende a auto-realização do agente.

> O homem feliz vive bem; pois definimos praticamente a felicidade como uma espécie de boa vida e boa ação. As características que se costuma buscar na felicidade também parecem pertencer todas à definição que demos dela. Com efeito, alguns identificam a felicidade com a virtude, outros com a sabedoria prática, outros com uma espécie de sabedoria filosófica, outros com estas ou uma destas, acompanhadas ou não de prazer; e outros ainda também incluem a prosperidade exterior. (ARISTÓTELES, 1973, p. 257)

1.3 Epicurismo e estoicismo

Epicuro (341-270 a.C.) foi o fundador da corrente epicurista. Era imbuído de verdadeiro espírito filosófico. Tinha a percepção da sede de unidade que atormenta a inteligência humana, a necessidade de ajustar os princípios práticos de acordo com as crenças teóricas, de alicerçar as regras da moral em relação à concepção da natureza humana e do universo em que ela se insere.

Todo sistema não é na realidade senão moral, teoria da felicidade [...] A física liberta o homem dos preconceitos e dos terrores que o impedem de ser feliz; a moral ensina-lhe de forma positiva os meios de chegar à felicidade. (EPICURO, 1973, p. 19)

O estoicismo foi fundado por Zenão (325-246 a.C.), seu discípulo Cleanto (331-233 a.C.) deu continuidade a essa doutrina e Crísipo (278-204 a.C.) a sistematizou (SÊNECA, 1973, p. 208). Para o estoicismo o bom é aquilo que permite conservar ou incrementar a racionalidade, ou seja, a virtude. De outro lado, o mal é o que lesa ou diminui a racionalidade, isto é, o vício. Para o estoicismo a felicidade consiste na virtude, desprotegida da norma e do bem. Assim, a ética estóica é uma ética de autodomínio, que pretende tornar o homem capaz de resistir aos influxos externos que o afetam (FONTRODONA, 1998, p. 25).

A ética estóica é retomada no mundo empresarial em outra perspectiva, mas com a mesma pretensão. É lógico que, perante as dificuldades exteriores, o empresário não se conforme com a indiferença estóica, mas procure algum mecanismo que lhe permita libertar-se das situações difíceis que enfrenta. Entretanto, é preciso considerar que o ser humano, por seu caráter social, influencia as pessoas pelos efeitos que suas ações produzem em outros. Para que a pessoa atinja a perfeição é necessário que se leve em consideração os outros seres que a cercam. Adotar uma postura indiferente perante as outras pessoas seria prescindir de um fator necessário para os resultados das próprias ações, revelando uma análise incompleta da realidade. O autodomínio que caracteriza a ética estóica esquece que a virtude impõe a atitude de procurar o bem, não só de si mesmo mas também dos demais. Além disso, essa procura do bem dos demais deve ser movida pela intenção de querer realmente o bem dos outros e não pela intenção de que aquele ato será economicamente rentável (FONTRODONA, 1998, p. 27).

1.4 Contratualismo

O contratualismo baseia-se no pacto social. Representado por Jean Jacques Rousseau (1712-1778), prega que os valores éticos são o resultado de um acordo social. O homem pode desfrutar de uma liberdade superior à que resultaria da ação das forças da natureza, através de um pacto ou contrato social. Para tanto, deverá abrir mão dos direitos individuais em favor não de um ou vários governantes, mas da inteira comunidade constituída através de um contrato. Cada um coloca em comum a sua pessoa e o seu poder sob a suprema direção da vontade geral. E cada membro é considerado como uma parte indivisível do todo. A base desse contrato social seria a vontade geral, identificada com a coletividade e, portanto, soberana (LAROUSSE, 1998, v. 21, p. 5145).

1.5 Teoria da simpatia

Adam Smith (1723-1790), criador da economia política e pai do liberalismo, introduziu a teoria da simpatia. Simpatia é a condição necessária e suficiente para fundamentar a moral. "Atue de tal modo que o observador imparcial possa simpatizar com a sua conduta" (ARRUDA; WHITAKER; RAMOS, 2001, p. 35). O sentido de simpatia é algo altruísta, mas parece ficar apenas no campo afetivo, sem a consideração de uma lei moral.

1.6 Ética utilitarista

A ética utilitarista é bastante difundida nos dias de hoje, especialmente entre aqueles que a colocam como fundamento das decisões tomadas em empresas e no mundo dos negócios. Seu idealizador foi Jeremy Bentham (1748-1832) e John Stuart Mill (1806-1873), seu grande divulgador. Essa teoria afirma que o objetivo da ética é a maior felicidade para o maior número de pessoas. As ações serão justas se promoverem a felicidade, e injustas se produzirem a infelicidade. A felicidade é entendida, nesse caso, como prazer e ausência de dor. O critério utilitarista apregoa não a maior felicidade do próprio agente, mas a maior quantidade de felicidade geral (ARRUDA; WHITAKER; RAMOS, 2001, p. 36).

É notória a influência do utilitarismo na atividade econômica e empresarial. O cálculo utilitarista e a idéia de maximização têm uma conotação econômica que permitiu sua adoção no âmbito empresarial: basta substituir a maximização do prazer pela maximização do benefício e do valor da empresa. Quando essa idéia de maximização se eleva ao fim último da empresa, a eficiência se converte em critério para a atividade empresarial. Entretanto, uma atuação economicamente eficiente, mas contrária à ética, produz, a longo prazo e, às vezes, a curto prazo, rupturas pessoais e tensões sociais que impedem a consecução das metas individuais e sociais (FONTRODONA, 1998, p. 44).

A crítica feita ao utilitarismo refere-se ao seu modo de enfocar a ética. Com efeito, em uma ética só de bens, os bens fáceis de obter adquirem preponderância sobre outros que demandam esforço para serem conquistados. Isso pode ter como conseqüência a falta de uma referência fundamentada em um valor ético, já que predomina o valor de utilidade (PÓLO apud FONTRODONA, 1998, p. 124).

Tanto Bentham quanto Stuart Mill eram relativistas. Os critérios para definir a felicidade de uma conduta não eram uniformes, mas variavam segundo as circunstâncias (ARRUDA; WHITAKER; RAMOS, 2001, p. 35).

1.7 Conseqüencialismo

O utilitarismo deu origem ao conseqüencialismo, que, de modo muito resumido, entende que os valores éticos devem ser definidos pelas conseqüências. Seu representante é R. M. Hare (1919-2002). Para o conseqüencialismo, todas as ações são certas ou erradas em virtude do valor de suas conseqüências. Para o utilitarismo e o conseqüencialismo os fins justificam os meios.

Gertrude Anscombe (1919-2001) foi uma das responsáveis pela introdução do conseqüencialismo na história do pensamento, para distingui-lo do utilitarismo clássico. Enquanto o utilitarismo se fixa mais no objeto, o conseqüencialismo se preocupa mais com a estratégia. O conseqüencialismo assume a realidade de que os bens (prazer, felicidade) e os males (pena, miséria) são comensuráveis. Além disso, não é suficiente decidir maximizar aqueles e minimizar estes — como afirma o utilitarismo —, mas uma postura mais real e otimista deve levar a escolher aquela ação que otimize as conseqüências. O que pode ser motivo de crítica ao conseqüencialismo é que ele reduz a capacidade da ação humana de intervir nas decisões e dar lugar a acontecimentos distintos. Pretender que as conseqüências tenham de ser sempre as mesmas, seria impedir que o ser humano interviesse no rumo dos acontecimentos para alterá-lo quando fosse o caso. Se não fosse assim, raramente poder-se-ia falar em responsabilidade do agente, já que o caráter determinista da conseqüência impediria o empresário de assumir o papel que lhe corresponde em suas ações e no desempenho de suas funções. O homem de empresa não somente se adapta às circunstâncias mas também tem uma missão e a possibilidade de realizar transformações em si mesmo e à sua volta (FONTRODONA, 1998, p. 67, 68 e 71).

1.8 Ética Kantiana

A ética Kantiana, introduzida por Immanuel Kant (1724-1804), propõe o dever como o fundamento da moralidade. O dever corresponde à lei que provém da razão e se impõe a todo ser racional. O "imperativo categórico" declara a ação necessária sem relação com sua finalidade e converte-se em lei universal. O risco desse raciocínio pode estar no fato de reduzir tudo ao imperativo categórico, que, em última análise, se apóia nele próprio, em razão de uma afirmação categórica. Além disso, ao se considerar a pura ética do dever pelo dever, haveria uma acomodação a uma espécie de subjetivismo sociológico, já que o homem pode considerar dever coisas mutáveis em função das circunstâncias e do tempo (ARRUDA; WHITAKER; RAMOS, 2001, p. 34).

1.9 Marxismo

De acordo com Larousse (1998, v. 19, p. 4754-4755), o marxismo, formulado por Karl Marx (1818-1883) e difundido por Friedrich Engels (1820-1895), consiste em uma doutrina filosófica aplicada a uma teoria econômica. Entende que o homem é o ser supremo, senhor de si e da natureza. A essência do ser humano é a sua autoprodução pelo trabalho. O homem não é visto como pessoa, mas como humanidade abstrata, que se realiza no coletivismo social. Os valores são relativizados, dependem da "praxis". A verdade é a "praxis", ou seja, o conjunto de atividades que objetivam a transformação do mundo, especialmente dos meios e das relações de produção, sobre os quais repousam as estruturas sociais.

1.10 Existencialismo

O existencialismo tem como seu principal expoente Jean Paul Sartre (1905-1980). Essa corrente valoriza o homem inserido em seu contexto histórico-social como ser existente. "Sartre propõe uma visão do homem como dono de seu próprio destino e cuja vida é definida por seu projeto e por suas próprias ações" (LAROUSSE, 1998, v. 21, p. 5269). O homem é aquilo que ele faz de si mesmo. Nega a existência de Deus e dos valores.

1.11 A ética da convicção e a ética da responsabilidade

Weber distingue a ética da convicção da ética da responsabilidade (que corresponderia à ética conseqüencialista) (FONTRODONA, 1998, p. 68). Esta última tem como guia as previsíveis conseqüências dos atos, das ações humanas, e, nesse aspecto, os meios podem justificar os fins.

> Para alcançar fins bons, vemo-nos com freqüência compelidos a recorrer, de uma parte, a meios desonestos ou, pelo menos, perigosos, e compelidos de outra parte, a contar com a possibilidade e mesmo a eventualidade de conseqüências desagradáveis. E nenhuma ética pode dizer-nos a que momento e em que medida um fim moralmente bom justifica os meios e as conseqüências moralmente perigosos. (WEBER, 1972, p. 114)

Os adeptos da ética da convicção devem zelar pela doutrina pura e seus atos visam estimular sempre a chama da convicção.

Esse brevíssimo resumo das correntes éticas revela que, apesar de inúmeros filósofos se debruçarem sobre o tema, resta muito caminho a percorrer na história da humanidade a fim de que, na prática, cada ser humano assuma a sua condição e o papel que pode desempenhar no universo.

1.12 Dimensões emergentes da atitude ética

Impõe-se a consideração das três dimensões que emergem de qualquer atitude ética: os bens, as virtudes e as normas, como também a visão antropológica do homem como sugerido por Yepes (apud FONTRODONA, 1998, p. 80-81):

- ♦ O ser humano é um complexo ser espiritual e corpóreo; um espírito encarnado.
- ♦ Há uma objetiva espiritualidade da alma racional em relação ao corpo, de modo que as faculdades superiores do homem (inteligência e vontade) exercem uma função de domínio sobre as demais faculdades e potências.
- ♦ O homem e a mulher são seres livres, donos de seus atos e, portanto, também de suas vidas e de seus destinos.
- ♦ A pessoa tem uma dignidade que merece ser reconhecida pelos demais.

A natureza humana se aperfeiçoa e se realiza mediante decisões livres, através das quais o homem desenvolve suas capacidades e vai adquirindo a sua plenitude. A ética contribui para que o ser humano, no decorrer de sua existência, promova um desenvolvimento harmônico e equilibrado das distintas potencialidades que compõem a sua essência. Ora, o fim do ser humano é alcançar a felicidade. Considerando-se que a inteligência tende para a verdade e a vontade para o bem, poder-se-ia dizer que a pessoa estará tanto mais perto de seu fim último quanto mais se aproximar da verdade e do bem, que poderia ser assim representado:

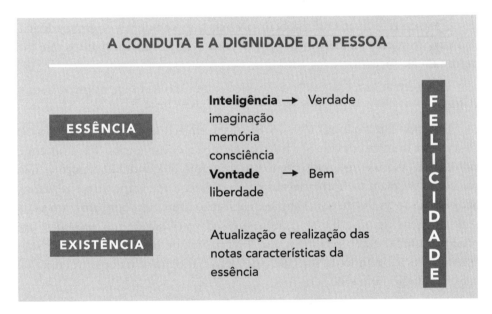

Fonte: Quadro criado por Maria do Carmo Whitaker[2].

Figura 1.1 A conduta e a dignidade da pessoa.

O problema é que a verdade e o bem nem sempre são facilmente atingíveis. Muitas vezes, certas situações são apresentadas a nós com a aparência de verdade e de bem mas, na realidade, não o são. Como distinguir isso com clareza? Como identificar a verdade e o bem?

---

2   O quadro é apenas exemplificativo e não pretende exaurir o complexo e inesgotável conceito da dignidade humana.

Sócrates distingue os desejos arbitrários da vontade. Quem faz somente o que lhe apraz corre atrás de um bem apenas aparente, que é o que o seu capricho pede. A nossa vontade, ao contrário, só pode ter como objeto um bem autêntico, pois, enquanto o conceito de desejo deixa perfeitamente margem a ilusões acerca do valor do que se deseja, ninguém pode querer conscientemente o que é mau e nocivo. Quem age não quer exatamente o que faz, mas aquilo porque faz. E este fim é por natureza o bom e o salutar, não o que é mau e pernicioso. A execução, o desterro e a confiscação de bens, principais manifestações do poder do tirano, não podem constituir um fim, mas são apenas meios: e não podemos querê-los no verdadeiro sentido da palavra, se não representarem um bem e forem só prejudiciais. (JAEGER, 1936, p. 616)

A natureza humana necessita de normas que a ajudem a orientar adequadamente os meios para alcançar o bem, assim como cultivar hábitos que lhe permitam alcançá-lo.

Entra em ação a exigência da tríplice dimensão da ética: normas, bens e virtudes.

Segundo Fontrodona (1998, p. 86), as normas que servirão de referência para o agir humano devem ser buscadas em sua consciência. "Faça o bem e evite o mal" ficou consagrado como um princípio de conduta. As normas não são como desejam os normativistas e como dizia Kant, imperativos *a priori*, tampouco são frutos de uma simples inspiração humana, como afirmam as diversas formas de autoritarismo, nem mesmo resultam de um acordo sobre procedimentos, como propõe a teoria da justiça de Rawls. As normas estão constituídas sobretudo da verdade e do bem e apóiam-se na compreensão da natureza do homem e de seus fins.

Afirma Tomás de Aquino que razão e vontade cooperam estreitamente:

quando a razão compreende que a vontade quer um bem, mais ainda, quando constata que algo é um bem, então o bem, como objeto da razão, se converte em uma certa verdade. Desse ponto de vista, o bem moral não é somente um conteúdo de consciência, mas fundamentalmente a perfeição do ente consciente. Por essa mesma razão, o conteúdo das normas está constituído pela verdade e pelo bem. Os bens desligados da perfeição do ser transformam-se em puros valores, determinados subjetivamente pelos sentimentos ou por uma razão autônoma. As normas sem a referência aos bens convertem-se em meras imposições. As virtudes, por sua vez, se reduzem à decisão de se aterem às normas racionais prefixadas (FONTRODONA, 1998, p. 82).

1.13 A virtude da solidariedade

Ramos (2003) sugere a prática da virtude da solidariedade para amenizar e corrigir as distorções decorrentes da globalização. Eis aí um valor que emerge do interior das pessoas e pode ser muito útil na vivência do dia-a-dia empresarial. Dentro de um clima de solidariedade torna-se mais fácil o sucesso dos empresários que apostam na educação continuada de seus colaboradores, no trabalho em equipe e na visão de conjunto.

1.14 A formação da consciência

O comportamento ético é fruto, entre outros aspectos, de constante treinamento para a aquisição do bem e da prática das virtudes. Assim como o esportista necessita de muitas horas de treino diário para participar de uma competição e o pianista dedica muito tempo de estudo para concentrar-se na arte da música, as pessoas comuns devem exercitar-se na procura do bem e da verdade para alcançar a sua realização plena. E isso depende de muito esforço. É preciso que as pessoas tenham a consciência bem formada e despertem a sensibilidade para descobrir as normas que estão impressas em sua consciência e orientar-se por elas. Referindo-se à consciência, Uliano afirmou que:

> [...] a humanidade dispõe naturalmente de um recurso valioso, instalado na intimidade de cada um. Um comando inimitável que pode sensibilizar-se ou endurecer-se. No grande e no pequeno ataque, prima, como principal mentora, a sagrada senhora consciência. (ULIANO, 2004).

A experiência mostra que continua vigente a sabedoria dos antigos em relação aos três fatores fundamentais da educação nos quais trabalhavam: a natureza, o ensino e o hábito.

De fato, como se percebe hoje em dia, os empresários, conscientes de que a educação do ser humano é algo que não se conclui com o alcance da idade adulta, estão criando as universidades corporativas e oferecendo aos seus colaboradores o que denominam educação ou formação continuada[3].

---

3   Os colaboradores das Empresas do Grupo Accor dispõem da Académie Accor, organismo fundamentado no antigo conceito grego de Academia® (Jardim de Academus era o local onde Platão reunia seus discípulos para ensinar através do método indutivo), agre-

Para a educação o terreno é a natureza do homem; o lavrador é o educador; a semente são as doutrinas e os preceitos transmitidos de viva-voz. Quando as três condições se realizam com perfeição, o resultado é extraordinariamente bom. Quando uma natureza escassamente dotada recebe, pelo conhecimento e pelo hábito, os cuidados adequados, podem ser em parte compensadas as suas deficiências. Em contrapartida, até uma natureza exuberante decai e se perde, quando ao abandono. É isto que torna indispensável a arte da educação. O que se obtém da natureza com esforço torna-se estéril se não for cultivado. E chega mesmo a ser tanto pior quanto por natureza era melhor. Uma terra menos boa mas trabalhada com perseverança e inteligência, acaba por dar os melhores frutos. (JAEGER, 1936, p. 337)

Com efeito, os líderes empresariais perceberam a importância do aprimoramento dos talentos que se encontram em suas empresas. Assim, alguns incentivam a criação de oportunidades em que se propicie a troca de experiências entre os seus colaboradores com o cultivo do crescimento individual, da participação e da integração.

Essa preocupação dos empresários em proporcionar treinamentos aos seus colaboradores é de grande importância, pois permitem que estes tomem plena consciência das causas e das finalidades de executarem as tarefas que lhes são atribuídas. Afinal, é na empresa que as pessoas passam várias horas de seus dias e grande parte de suas vidas. Nas organizações encontra-se um campo riquíssimo para o cultivo dos valores, já que se conta com a contribuição de inúmeras pessoas advindas de segmentos diferentes, o que propicia enorme enriquecimento do ser humano. Para tudo isso a empresa conta, nos dias atuais, com a importante ferramenta que é a Internet.

---

gado à moderna fórmula de Universidade de Empresa e Corporate College (www.accor.com.br/academia). Assim, também, o Grupo Pão de Açúcar possui o Instituto Pão de Açúcar de Desenvolvimento Humano (www.institutopaodeacucar.org.br); o Grupo Carrefour dispõe do Instituto de Formação (www.carrefour.com.br/carrefour/instituto_formacao.asp), e tantos outros.

CAPÍTULO

A Internet Como Veículo de Informação, Comunicação e Formação

2

Surgida no final dos anos 60 e início dos anos 70 como Arpanet, ou rede de computadores criada para estudos científicos pelo Advanced Research Project Agency (Arpa), a Internet foi financiada pelo Ministério da Defesa dos Estados Unidos. Tinha a finalidade de desenvolver um instrumento de comunicação flexível e descentralizado para interligar a estrutura militar americana (QUEIROZ; LUCCA; SIMÃO FILHO, 2000, p. 379).

Aos poucos foi incorporada pela comunidade acadêmica National Science Foundation (NSFNET) e por pequenas redes privadas. Em 1980, foram criadas a Binet e Usenet, depois vieram as redes da Compuserve e da AOL (QUEIROZ; LUCCA; SIMÃO FILHO, 2000, p. 380).

Nos anos 80, veio a lume o sistema de *backbones*, entendido como espinhas dorsais de cabos de telecomunicações, responsáveis pela comunicação dos dados dos computadores de grande porte e dos roteadores que controlam o tráfego da Internet. Da conexão entre as redes menores emergiu, de maneira natural, a grande rede com esse potencial que hoje não permite a delimitação de seus contornos (QUEIROZ; LUCCA; SIMÃO FILHO, 2000, p. 380).

Alguns fatores contribuíram para que a Internet atualmente tenha alcançado essas proporções. De um lado, a padronização de um modelo uniforme de programas de computador facilitou a involuntária migração da rede do âmbito militar e acadêmico para o uso geral. De outro lado, a subdivisão dos recursos, como a criação da sub-rede www (*world wide web*), ampliou as possibilidades e a funcionalidade da consulta de dados armazenados nos computadores que integram a malha. Além disso, foi um fator significativo a própria estrutura flexível e aberta, que permite a integração de maior número de computadores nas atividades de transmissão, roteamento e armanezamento de dados.

A Internet, esse serviço ciberespacial, é para Pierre Lévy:

> [...] o espaço de comunicação aberto pela interconexão mundial dos computadores e das memórias dos computadores [...] novo espaço de comunicação, de socialidade [sic], de organização e de transação, mas também o novo mercado da informação e do conhecimento. (Apud SILVA, 2001, p. 42).

Com o advento da tecnologia da informação e da globalização, as relações humanas sofreram grandes impactos. Desenvolveu-se uma percepção muito mais aguçada para a tecnologia, exigindo maior intervenção das pessoas. Houve alteração nos relacionamentos pessoais em relação ao conhecimento de modo geral, incluídas aí as comunicações e as informações. As pessoas, conscientemente ou não, estão imersas em tempo integral em informação. Em conseqüência, seu processo de formação está sofrendo grande influência dessas novidades tecnológicas.

Pode-se verificar que a inovação está sendo edificada a cada momento. É preciso que a pessoa sempre ofereça o novo para que seja percebida e assim atraia a atenção dos interlocutores, que se tornam muito mais questionadores. O mercado exige atualização constante dos profissionais.

2.1 O impacto das inovações tecnológicas nas empresas

Há um episódio que bem exemplifica o que se pretende transmitir. Os colaboradores de uma empresa, que chegaram para trabalhar naquela manhã, abriram as mensagens eletrônicas de seus computadores e se surpreenderam com uma delas, enviada por um dos gerentes da fábrica para todos os integrantes daquela unidade. Contava que na véspera, ao sair da fábrica, tomou o rumo da avenida principal, acessando-a pela rua do estacionamento e percorrendo uns quarenta metros na contramão, como se tornou costume entre os motoristas daquela região. Como conseqüência, foi multado. Alertou a todos que tomassem cuidado porque a indústria da multa chegara ao local. Os guardas, segundo ele, ficavam à espreita, escondidos, esperando oportunidade para autuar os infratores. Concluiu a mensagem dizendo que neste País, quando já não sabem como arrecadar mais impostos, fazem uso da indústria das multas.

Algumas horas depois, o mesmo gerente passou outra mensagem pedindo que todos desconsiderassem a anterior. Esclareceu que não pretendia, de modo algum, fazer apologia da infração de trânsito cometida e finalizou com um pedido de desculpas.

Certamente advertido por algum colega ou por seu diretor imediato, aquele gerente, ao perceber que se excedeu no seu desabafo, reconheceu em público o seu erro e retratou-se imediatamente.

A ética conduz à prática do bem, mas, em razão, entre outras causas, da debilidade inerente à natureza humana, isso nem sempre se alcança. Foi exatamente essa honestidade de conduta (a correção pública do seu erro) que fez com que aquele profissional graduado atraísse a admiração de alguns colegas que receberam aquelas mensagens.

Várias considerações podem ser feitas sobre o fato relatado. Com efeito, um exemplo tão corriqueiro e banal, sem outras conseqüências imediatas, como a multa de trânsito, permite estabelecer a ligação entre a comunicação, a informação e a formação dentro da empresa.

2.2 Comunicação

A primeira consideração diz respeito à questão da comunicação dentro da empresa. O correio eletrônico é excelente ferramenta que, se bem utilizada, poderá ser de grande proveito. Porém, do ponto de vista ético, impõem-se algumas ponderações. Poderia, no caso do exemplo, aquele gerente utilizar-se dessa ferramenta para transmitir uma mensagem que, afinal de contas, não era diretamente ligada ao trabalho? E mais, poderia utilizá-la para fazer a apologia da infração que cometeu?

A comunicação tem um plano de ação tão amplo e extenso quanto a capacidade criativa do ser humano. A comunicação corresponde a um anseio íntimo da humanidade. É natural a necessidade que se tem de transmitir, aos demais, as idéias, as aspirações, as percepções, ou seja, o que se leva no mais recôndito do ser. A pessoa fechada em si mesma, extremamente introvertida, que não expande seus pensamentos, seus sentimentos e desejos, torna-se anti-social, não experimenta a riqueza de partilhar o seu próprio ser com os que estão à sua volta.

Em uma empresa a comunicação poderá ter reflexos muito importantes, não somente porque influencia sua cultura mas também porque permite a disseminação de conteúdos relevantes para o desenvolvimento do trabalho.

Whitaker (2002a, p. 5) pondera que o sistema de comunicação adotado pela empresa, a informação detida por cada profissional, o nível de formação de cada participante da relação empresarial auxiliarão muito a fluência de todas as operações nas diversas áreas da organização e o alcance dos objetivos da empresa.

A autora comenta também (WHITAKER, 2002a, p. 5) que todos os que têm nas empresas, à sua disposição, o instrumento da comunicação, no caso o computador ligado a uma rede, acham-se no direito de transmitir comunicados e informações. A ética é essencial nesse momento, em que cada integrante da empresa tem em suas mãos tão poderoso instrumento e com ele pode comunicar, informar e, em conseqüência, talvez inconscientemente formar ou deformar o caráter das pessoas.

Isso significa que as altas lideranças das empresas devem estar empenhadas em se atualizar e assessorar-se para estabelecer um processo de comunicação em suas organizações, tendo em vista essa nova ordem instalada na sociedade atual, geradora de tantas inovações. Inovações não somente de ferramentas colocadas à disposição de todos (a informação, por exemplo, hoje não é privilégio de alguns, está disseminada por toda parte), mas também inovações provocadas na pessoa: em diretores, acionistas, colaboradores, concorrentes, fornecedores e clientes das empresas. Deve haver um esforço de aperfeiçoamento contínuo, estruturado pelas altas lideranças das empresas, direcionado a todos os seus *stakeholders*[1]. Isso exige constante e permanente atenção com a conotação ética das atitudes das pessoas.

2.3 Informação

A segunda consideração diz respeito à informação que hoje se processa por tantos meios, tornando-se acessível a todos. Alguns a vinculam à idéia de poder. As pessoas bem informadas podem prever acontecimentos, antecipar-se no planejamento das atividades estratégicas nas diferentes áreas da em-

---

1   *Stakeholder* significa todo o público com o qual a empresa se relaciona, como, por exemplo, empregados, clientes, fornecedores, acionistas, concorrentes e outros.

presa, assumir uma posição de superioridade no atendimento ao cliente, no relacionamento com o fornecedor e o concorrente. Sem mencionar as alternativas e respostas que poderão encontrar para a solução de problemas a curto e a longo prazo. É vital, entretanto, que aqueles que têm acesso à informação utilizem-na de modo ético e coloquem-na a serviço do bem comum.

O grande desafio será controlar e filtrar as informações que deixam de ser lineares e passam a ser muito mais voltadas para as necessidades específicas de cada um, dentro do objetivo único e global da empresa. Se, de um lado, o ser humano é racional, emocional, social e transformador, de outro, a gestão empresarial exige harmonia sinergética na construção da finalidade institucional. Os líderes empresariais passam a enfrentar o grande imperativo de alinhar os propósitos individuais e setorizados aos empresariais. E mais, para atingir os propósitos institucionais, estes devem estar alinhados com os objetivos da sociedade a que pertencem.

Com efeito, ressalta Balsemão (apud SILVA, 2001, p. 28) que a informação envolve cada vez mais as pessoas, seja porque dependem da informação para planejar seu trabalho, sua vida, suas economias, seja para transmitir essas informações aos demais. Todos os segmentos da sociedade dependem dos novos sistemas de informação que progridem à medida que são absorvidas e praticadas as constantes inovações tecnológicas. A informação, afirma Balsemão, "penetra na sociedade como uma rede capilar e ao mesmo tempo como infra-estrutura básica" (BALSEMÃO apud SILVA, 2001, p. 28).

2.4 Formação

O terceiro aspecto, que parece, de algum modo, relacionado aos dois primeiros, é o da formação. Antes de ser profissional, o indivíduo deve ser considerado como pessoa em sua integralidade. Isso significa que a pessoa desde a sua concepção está em formação. Formação do ser pessoa implica formação de seu corpo, que não pára até que atinja a idade adulta; formação de seu caráter, de sua personalidade, que dura toda a vida. E, nesse aspecto, poder-se-ia falar em formação humana, cultural, profissional, religiosa, artística, entre outras. Trata-se de um processo dinâmico que se atualiza a cada dia pelas experiências advindas de cada jornada.

A formação pressupõe educação. Os empresários, no passado, diriam que isso é problema da família ou da escola. Hoje, muitas empresas incentivam seus colaboradores a continuar se aperfeiçoando, submetendo-se a novos cursos de especialização, a fim de darem continuidade à sua formação integral e figurarem, ao lado de seus concorrentes, com novos e diferenciados valores.

Já se foi o tempo em que o velho empregador, ao contratar alguém para gerente, colocava como condição que este não estivesse estudando. Queria com essa atitude evitar que os empregados solicitassem autorização para sair mais cedo nos dias de aula de pós-graduação. A produtividade era muito mais valorizada do que o capital intelectual. O trabalho exigia exclusividade. Hoje, ao contrário, as pessoas são convidadas a trabalhar com o compromisso, perante seus empregadores, de ingressar em cursos de especialização e aperfeiçoamento, para competir igualmente com os demais concorrentes.

2.5 Educação continuada

Para manter a cultura ética da empresa, baseada nos valores e princípios referidos anteriormente, importa considerar que o comportamento ético é fruto, entre outros aspectos, de constante treinamento para a aquisição e prática das virtudes. E isso depende de muita formação, o que hoje em dia costuma-se denominar educação continuada. Para tanto, as universidades corporativas, instrumento empregado pelas empresas para desenvolver a educação continuada de seus colaboradores, representam excelente recurso para os empresários, sendo grandes aliadas na difusão da ética nas empresas.

Ressalta Ramos (RAMOS; WHITAKER, 2003, p. 19) que, se a ética fosse modismo nas organizações, haveria o risco de ser instrumentalizada para fins econômicos. Assim, impõe-se considerar, como ponto de partida, que os valores éticos são fundamentais para a plena realização das pessoas no seu dia-a-dia nas empresas. A inversão de valores ou a subordinação dos valores éticos aos interesses econômicos pode produzir melhores resultados econômicos para as empresas, porém nunca será capaz de contribuir para a realização pessoal. Não há dúvida de que a empresa precisa ter desempenho econômico e resultados que garantam a sua sobrevivência, no entanto, em caso de conflito, os valores éticos hão de prevalecer, uma vez que a perspectiva ética é mais importante, na ordem dos fins da vida, do que o resultado econômico.

É forçoso reconhecer que o processo de comunicação, que gera troca de conhecimentos e experiências entre funcionários, clientes, fornecedores e todos os demais integrantes da cadeia produtiva da empresa, faz com que a competitividade seja substituída pelo espírito de colaboração.

Com efeito, o conhecimento e a experiência que cada integrante da empresa traz consigo constituem verdadeiro patrimônio. Importa que os detentores desse saber se disponham a partilhá-lo com os demais. Aliás, o grande desafio da empresa é encontrar a melhor estratégia para aproveitar esse cabedal que está dentro da organização e disseminá-lo entre todos.

2.6 Socialização do conhecimento

O bom administrador deve estimular a mudança de clima da empresa, a fim de eliminar o espírito individualista, e disseminar os conhecimentos entre os colaboradores. Com essa medida, os empregados estarão proporcionando entre si um enriquecimento por participarem daquela troca de experiências e, ao mesmo tempo, agregando valor a si mesmos por desenvolverem esse espírito de colaboração.

Antônio Arruda (2002, p. 6), ao tratar dos princípios básicos da gestão do conhecimento, ressalta que o conhecimento é tido hoje como o grande diferencial competitivo de uma empresa. O conhecimento adquirido pelo funcionário, por meio de sua experiência de vida, deve ser valorizado, captado e trabalhado pela empresa. O conhecimento adquirido por vias formais (cursos, *workshops* e palestras) também precisa ser valorizado pela empresa, que deve investir em educação continuada. Os funcionários devem sentir confiança em seus colegas de trabalho para que o conhecimento de cada um possa ser disseminado sem receios. A empresa, por sua vez, deve estimular o crescimento da cadeia de conhecimentos. Ferramentas tecnológicas, como a Intranet, devem ser usadas para difundir e armazenar o conhecimento dos funcionários. A sensibilidade e a integração dos funcionários podem ser despertadas por meio de atividades aparentemente irrelevantes. Os funcionários devem ser recompensados sempre, seja com premiações materiais, seja por meio de manifestações públicas de reconhecimento. Aliás, esta é a filosofia da Sociedade Brasileira de Gestão do Conhecimento, cujo Presidente, Marcelo Corrêa, afirma: "[...] quando são estabelecidas conexões entre pessoas, o conhecimento surge naturalmente" (CORRÊA apud ARRUDA, A., 2002, p. 6).

Interessante estudo de Monteiro (2004), que trata das Universidades Corporativas, mostra as principais diferenças entre a educação formal e a educação corporativa.

Segundo Monteiro deve ser ressaltada na educação corporativa a possibilidade de difundir conhecimento, apoiando-se em cenários reais ligados aos planos e metas das organizações para que sejam transmitidos, no dia-a-dia, os valores e os princípios da instituição.

Quadro 2.1 Comparativo entre educação formal e corporativa.

Educação formal	Educação corporativa
Necessita de credenciamento e reconhecimento oficial.	Dispensa credenciamento ou reconhecimento oficial — o seu reconhecimento é pelo mercado.
Diplomas para terem validade têm de ser registrados.	Diplomas não necessitam de registro — o que vale é a aprendizagem.
Cursos e programas são regulados por lei e estruturados segundo normas rígidas do Ministério de Educação e Cultura (MEC).	Cursos e programas são livres, atendendo às necessidades das pessoas que integram as organizações.
Estrutura organizacional baseada em colegiados, burocratizando e/ou dificultando decisões rápidas e estratégicas.	Estrutura organizacional livre de órgãos colegiados burocráticos — decisões estratégicas mais ágeis.
Qualidade mensurada por padrões quantitativos e alheios à realidade.	Qualidade avaliada pelo mercado.
Rigidez na oferta de períodos letivos (anuais ou semestrais).	Flexibilidade na oferta de períodos letivos — módulos diferenciados — fins de semana, quinzenais, bimestrais etc.
Currículo ou diretrizes curriculares nacionais.	Currículo "sob medida".

(continua)

Quadro 2.1 Comparativo entre educação formal e corporativa. (*continuação*)

Educação formal	Educação corporativa
Corpo docente acadêmico dissociado da realidade profissional.	Corpo docente altamente profissional, praticando o que transmite ao educando.
Sistema educacional formal.	Sistema integrado de gestão de talentos humanos de um negócio.
Aprendizagem temporária.	Aprendizagem contínua.
Modelo baseado na graduação: liga o conhecimento estruturado à formação técnica e científica de um indivíduo.	Liga o conhecimento, nem sempre estruturado, às necessidades estratégicas de uma organização.
Vínculo aluno-escola.	Vínculo empresa-talento.
Ênfase no passado.	Ênfase no futuro.
Instalações físicas (*campus*).	Redes de aprendizagem.
Aprendizagem baseada em conceitos acadêmicos.	Aprendizagem baseada na prática do mundo dos negócios.
Ensino não acompanha a velocidade das mudanças.	Ensino em tempo real.
Aprendizagem individual.	Aprendizagem coletiva.
Ensina a estudar e pesquisar.	Ensina a pensar e praticar.
Ensina crenças e valores universais.	Ensina crenças e valores do ambiente de negócios.

Fonte: Monteiro, 2004[2].

As considerações e as comparações expostas entre o ensino formal e o ministrado nas empresas trazem elementos suficientes para fundamentar os projetos dos empresários que de fato acreditam nos seus colaboradores e pretendem contar com estes, como uma equipe sólida para atingir os objetivos de suas instituições. Dessa forma, as empresas que evidentemente tenham fulcro no lucro, para ter sustentabilidade, poderão desempenhar verdadeiro

---

2   Disponível em: <www.guiarh.com.br/p6.htm>. Acesso em: 25 abr. 2004.

papel de responsabilidade social tão propalado e necessário em nossos dias. Nada mais valioso que o investimento social, contribuindo para o crescimento e o enriquecimento moral da sociedade.

Portanto, pode-se afirmar que a escolha dos novos sistemas de fluxo de comunicação nas empresas, as políticas de uso da Internet, os controles de mensagem eletrônica e a garantia de autoria de trabalhos dos profissionais devem ser feitos segundo o novo prisma do estado de coisas instalado neste início de milênio.

CAPÍTULO 3

A Importância e os Benefícios Decorrentes da Cultura Ética das Empresas

Para falar de cultura ética da empresa impõe-se considerar a empresa não apenas como uma sociedade organizada para a exploração da indústria ou do comércio, segundo o capital ou o trabalho nela investido por seus sócios, mas sobretudo como uma sociedade de pessoas.

Essa visão antropológica certamente não se pactua com o enfoque dado por aquele palestrante que, dirigindo-se a um grupo de presidentes de empresas, pediu-lhes que anotassem, em poucas palavras, a finalidade de suas respectivas instituições. Decorridos os minutos concedidos para essa tarefa, adiantou que, se algum dos presentes tivesse escrito alguma coisa diferente de lucro, estaria errado.

Parece que hoje em dia já se criou uma visão mais ampla da empresa. Esse aglomerado de capital, trabalho e organização passou a ser considerado pelo prisma da comunidade em que a empresa está inserida. Assim, é preciso dar o devido valor a cada elemento formador da empresa, priorizando o ser humano que é seu agente principal.

Com razão, Paine (2003, p. 116) observa que as empresas não são mais julgadas apenas pelos seus resultados financeiros. Para serem consideradas verdadeiramente excepcionais, devem mostrar bom desempenho no seu relacionamento com os demais *stakeholders* e as outras empresas com as quais interagem. A empresa deve causar impacto positivo perante os clientes, os empregados, os fornecedores, a comunidade, os investidores. Ela deve, ainda, satisfazer uma mistura de critérios econômicos e éticos.

Não há dúvida de que o lucro é de grande importância em uma empresa, mesmo porque sem ele não haveria sustentabilidade. Entretanto, não é o único fator, impõe-se considerar o trabalho e a pessoa inserida em um contexto social, a qual organiza esses fatores e cria a cultura da empresa.

3.1 Cultura da empresa

Dependendo do enfoque que se dê à palavra "cultura", esta terá uma determinada definição. Trata-se de tema da alçada dos sociólogos, dos antropólogos e de outros estudiosos dessa área de humanidades. A Enciclopédia Larousse (1998, v. 7, p. 1730) traz para o verbete algumas significações. Pode ser entendida como um "acervo intelectual e espiritual: a cultura greco-latina". No sentido mais geral, pode ser considerada como "[...] conjunto de conhecimentos que enriquecem o espírito, apuram o gosto e o espírito crítico: ter grande cultura". Oferecendo como exemplo a cultura ocidental ou a cultura helenística, outro verbete afirma que cultura é "conjunto de fenômenos materiais e ideológicos que caracterizam um grupo étnico ou uma nação, uma civilização, em oposição a um outro grupo ou uma outra nação". Cultura em um grupo social é definida como "[...] conjunto de sinais característicos do comportamento de uma camada social (linguagem, gestos, vestimentas, etc.) que a diferenciam de outra".

Para os autores deste livro, a cultura da empresa é constituída por um conjunto de princípios e valores que seus fundadores e diretores nela imprimem desde sua origem. Em geral são aquelas convicções que eles trazem de sua própria formação e resultam de suas experiências diárias, já que o ser humano é o mesmo em suas diversas fases e circunstâncias.

E a cultura ética? Se essas convicções que criam a cultura da empresa forem permeadas pela ética, a cultura da empresa será ética. Em conseqüência, a ética da empresa não será diferente da ética da pessoa que a cria.

Essa cultura é disseminada pela empresa, incorporada pelos seus integrantes e partilhada por todos. A cultura é algo totalmente abstrato que paira no ar, que se revela no ambiente da empresa. Qualquer pessoa que tenha um contato mais próximo com a organização, ainda que inconscientemente, captará aquelas características que identificam a empresa e a distinguem das demais.

Não é a pessoa jurídica que possui princípios e valores, mas, sim, as pessoas físicas que a constituem. Quando se faz referência à empresa, fala-se de um ente abstrato; entretanto, tem-se a consciência de que ela é formada por indivíduos que criarão na organização a sua cultura. Essa cultura certamente estará muito ligada ao caráter dessas pessoas. Vale repetir: a ética da empresa é a mesma do seu criador.

Destaca Srour (1998, p. 174) que as culturas organizacionais "ao servirem de elo entre o passado e o presente contribuem para a permanência e a coesão da organização". Assim, nas organizações, a cultura permeia as práticas e constitui um rico conjunto de conhecimentos tanto da vida quanto dos saberes especializados decorrentes da formação profissional de cada um de seus integrantes. Todo esse acervo forma a cultura da empresa, que agrega os critérios e parâmetros em que devem se basear as condutas dos investidores, dos diretores e demais profissionais, para o desenvolvimento de suas respectivas funções.

A manutenção de uma cultura ética em uma empresa não é algo com que a maioria dos administradores tenha experiência. É fácil cometer erros. Infelizmente, erros éticos não podem ser desfeitos com a mesma facilidade que erros econômicos. Aguilar (1996, p. 37) oferece um exemplo que muito bem ilustra o que se pretende demonstrar:

> [...] uma perda operacional de dez milhões de dólares é compensada por um ganho de dez milhões; o indivíduo ou firma flagelados, praticando embustes não se sairão bem contando a verdade na vez seguinte. O registro das falhas éticas tende a ser escrito com tinta indelével.

Outro aspecto a considerar é que, se a cultura identifica a empresa, não se pode falar, como pretendem alguns, em mudança de cultura. O que na verdade pode mudar é o clima, o ambiente em que essa cultura se desenvolve. Talvez se possa fazer uma analogia entre a cultura da empresa e o caráter da pessoa. A cultura está para a empresa, assim como o caráter está para a pessoa. O temperamento da pessoa seria o clima da empresa. Uma pessoa de bom caráter, que desenvolve suas convicções com base em valores e bons princípios, pode mudar, se for o caso, o seu temperamento, mas não o seu caráter, que é sua identidade. Pode, por exemplo, de pessimista passar a ser otimista, de idealista a realista, de introvertida a extrovertida e assim por diante.

Na empresa pode-se alterar o clima organizacional de formal para informal, de rígido para flexível, mas a sua identidade, isto é, a sua cultura, permanece.

3.2 Princípios que podem fundamentar a cultura da empresa

Quais são os princípios que podem servir de fundamento para a cultura da empresa? Elegido (1998, p. 113-115) sugere alguns que, adaptados ao Brasil, poderiam ser assim enunciados:

- *princípio da solidariedade* cujo núcleo de preocupação é a promoção do bem-estar de todos os seres humanos, não somente o pessoal;
- *princípio da racionalidade*, que implica o esforço para agir sempre com inteligência;
- *princípio da eqüidade ou imparcialidade*, que consiste em adotar os mesmos critérios para que cada pessoa possa julgar suas próprias ações, as das pessoas que estima e as dos estranhos;
- *princípio da eficiência*, que equivale a aplicar os meios eficazes para promover a realização humana, não bastando as boas intenções;
- *princípio do respeito à dignidade da pessoa*, que impede a prática de qualquer ação que lese ou fira a identidade do ser;
- *princípio da responsabilidade no cumprimento da missão da empresa*, que são as circunstâncias da empresa, seu objeto social, seus compromissos específicos que determinam as suas prioridades.

É evidente que essa enumeração não é taxativa e existem muitos outros princípios que podem ser adotados institucionalmente. O importante é que eles reflitam as peculiaridades de cada empresa.

Vistos os princípios, importa explorar um pouco os valores ou, como vimos, as virtudes que podem ser o sustentáculo para a cultura da empresa. São tantos e tão profundos quanto a capacidade ilimitada do ser humano de se projetar na busca de sua plenitude. A enumeração aproximar-se-ia do infinito, entretanto, assim como os princípios, alguns desses valores podem ser destacados a título exemplificativo.

3.3 Valores são as virtudes transformadas em ações

Cifuentes (1997, p. 130-131) ressalta a tendência moderna a considerar os valores como abstratos, mas a melhor análise que se poderá fazer deles será referi-los às pessoas, ou seja, de maneira concreta. Nesse aspecto, os valores são considerados virtudes. Essa ponderação vai ao encontro do trabalho desenvolvido por Solomon (2000, p. 111-169). Esse professor de Administração e Filosofia da Universidade do Texas, em Austin, apresenta em sua obra um catálogo de virtudes que permite consolidar o vínculo entre as exigências básicas dos negócios e a ética. Para ele, os valores são as virtudes transformadas em ação. Com efeito, afirma: "[...] uma virtude em essência, é um valor incorporado e moldado como ação" (2000, p. 103).

Interessante observar que a ética das virtudes, preconizada por Aristóteles trezentos anos antes de Cristo, permanece em vigor. Após dois milênios, os autores modernos, alguns dos quais foram mencionados neste trabalho, sugerem a sua aplicação nas organizações[1].

Cifuentes (1997, p. 174) acena com algumas virtudes que são consideradas fundamentais por habilitarem o ser humano para o exercício de suas potencialidades:

- prudência (discernimento para descobrir o que convém);
- justiça (conferir a cada um o que é seu);
- fortaleza (vencer os obstáculos);
- temperança (moderação).

Além disso, Cifuentes (1997, p. 172) ressalta aquelas virtudes elencadas na Declaração de Aspen, em 1992:

- integridade (que inclui a sinceridade e a lealdade);
- respeito;
- responsabilidade (que inclui a autodisciplina e o esforço);
- eqüidade;
- atenção (ao ser humano, hoje com o sentido de compaixão);
- cidadania (no sentido do civismo, incluindo a obediência às leis, a obrigação de estar informado, o dever de votar etc.).

---

1 Há um quadro comparativo das virtudes mencionadas por Aristóteles e do catálogo feito por Solomon no livro de ética empresarial intitulado *Fundamentos de Ética Empresarial e Econômica* (ARRUDA; WHITAKER; RAMOS, 2001, p. 73-75).

A essas virtudes Cifuentes (1997, p. 173) agrega outras, que segundo ele "[...] tienen menos que ver con el ambito social, y más con la eficácia laboral [...]". E acrescenta: "Del desarrollo e incorporación de estas cualidades resulta responsable, por razones obvias, la empresa, más que ninguna otra de las instituciones sociales (después de la familia y la escuela)".

O resumo dessas qualidades encontra-se no *Decálogo do Desenvolvimento* elaborado por Manila (apud CIFUENTES, 1997, p. 173), que é assim enunciado:

- ordem;
- limpeza;
- pontualidade;
- responsabilidade;
- desejo de superação;
- honradez;
- respeito aos demais;
- respeito à lei e aos regulamentos;
- amor ao trabalho; e
- empenho na poupança e nos investimentos.

O *Catálogo das Virtudes*, de Solomon (2000, p. 111), identifica as mais importantes virtudes a serem exercitadas nos negócios: honestidade, justiça e credibilidade.

Digna de registro é a visão de Solomon a respeito da integridade. Refere-se a ela como uma síntese de todas as virtudes, que forma um todo coeso:

> A palavra integridade significa "inteireza" — da virtude, da pessoa, ou como parte integrante de algo maior do que a própria pessoa [...]. Ela significa, no vernáculo atual, simplesmente "juntar as partes", ver uma pessoa como um todo, como um caráter coerente e virtuoso [...] Obviamente é ilusão pensar que uma vida atribulada no mundo dos negócios possa ser de todo isenta de conflitos e problemas, mas integridade é um sentido de coesão que não permite que a pessoa se desintegre em meio aos conflitos. A integridade não é uma fórmula mágica de prevenção, uma inoculação contra dilemas éticos. É o sentido de integridade pessoal que nos permite navegar pelas águas traiçoeiras desses dilemas, e, embora não seja garantia de sucesso, não pode haver êxito sem ela. (SOLOMON, 2000, p. 74-75).

Com efeito, a integridade é o elemento que confere, para usar um termo da moda, sustentabilidade. A pessoa íntegra é aquela que é transparente em suas ações, que o seu modo de agir segue o seu modo de ser, é aquela que sustenta suas convicções em todas as circunstâncias, que não leva uma vida dupla, mas uma vida coerente. E, como se observou, em relação à empresa ocorre o mesmo. As expressões "ética na cultura da empresa", "ética nos negócios" e "ética empresarial" são mais recentes na literatura empresarial e datam das últimas décadas, a contar de 1970. Entretanto, antes que se sistematizasse o estudo da ética nas organizações e nos negócios, é evidente que a empresa ética já existia. Se o empreendimento fosse concebido por uma pessoa ética certamente seria ético, ou, ao contrário, se concebido por pessoa cujo caráter fosse marcado por desvios de conduta, certamente não seria ético. Os mesmos parâmetros de bem e de mal que regem a conduta humana são aplicáveis à empresa.

Assim, tornou-se piada a resposta daquele aluno que, ao ser indagado sobre o início dos estudos da ética nas organizações, afirmou que a ética teve início na década de 70. Queria referir-se à primeira pesquisa feita junto aos empresários, dando ênfase à ética nos negócios, que ganhou notoriedade em 1970[2].

De fato, a ética, tal como visto, existe desde que surgiu o primeiro ser humano sobre a Terra. A realidade humana mostra que o ser está em constante situação de tomada de decisão entre o bem e o mal.

No entanto, é forçoso admitir que os líderes empresariais descobriram que a ética passou a ser um fator que agrega valor à imagem da empresa. Eis a razão da crescente preocupação, entre os empresários, em adotar padrões éticos em suas organizações. Sem dúvida, os integrantes dessas organizações serão analisados por seu comportamento e por suas ações praticadas com base em um conjunto de princípios e valores.

Da mesma forma, as empresas passaram a ter sua conduta mais controlada e analisada, sobretudo após a edição de leis que visam à defesa de interesses coletivos.

A credibilidade de uma instituição é o reflexo da prática efetiva de valores, tais como integridade, honestidade, transparência, qualidade do produto, eficiência do serviço, respeito ao consumidor, entre outros.

---

2   Trata-se da pesquisa, coordenada por Raymond Baumhart, referida em: *Ethics in business*. Nova York: Holt, Rinehart and Wiston, 1968.

3.4 Dimensão ética

Na dimensão ética distinguem-se dois grandes planos de ação, que são propostos como desafio às organizações: de um lado, no que se refere à projeção de valores para o exterior, fala-se em empresa cidadã, no sentido de respeito ao meio ambiente, incentivo ao trabalho voluntário, realização de algum benefício para a comunidade, responsabilidade social etc.; de outro, na perspectiva de seu público mais próximo, como executivos, empregados, colaboradores, fornecedores, acionistas, envidam-se esforços para a criação de um sistema que assegure um modo ético de operar, sempre respeitando a filosofia da organização e os princípios do Direito.

São muito pesados os ônus impostos às empresas que, despreocupadas com a ética, enfrentam situações que, muitas vezes, em apenas um dia, destroem uma imagem que consumiu anos para ser conquistada. Multas elevadas, quebra da rotina normal, empregados desmotivados, fraude interna, perda da confiança na reputação da empresa, são exemplos desses ônus.

Daí o motivo de muitas empresas terem se preocupado com a adoção de elevados padrões pessoais de conduta para seleção de seus empregados. Estão cientes de que a integridade nos negócios exige profissionais altamente capazes de compaginar princípios pessoais e valores empresariais.

É perfeitamente plausível e absolutamente necessário aliar lucros, resultados, produtividade, qualidade e eficiência de produtos e serviços. Além disso, outros valores típicos da empresa devem ser aglutinados com valores pessoais, tais como honestidade, justiça, cooperação, tenacidade, compreensão, exigência, prudência, entre outros.

Com esse intuito, muitas empresas de respeito empreendem um esforço organizado a fim de deixar evidente que possuem princípios e valores, que normalmente estão estampados na sua visão e missão. Certamente terão sucesso aquelas empresas cujos princípios e valores eleitos e erigidos como baluartes da organização advêm de sua cultura. Sob a égide desses postulados, implantam códigos de ética, idealizam programas (atualmente programas virtuais) de treinamento para seus executivos e empregados, criam comitês de ética, capacitam líderes que percorrem os estabelecimentos da organização, incentivando o desenvolvimento de um clima ético, além de outras ações.

CAPÍTULO

Privacidade e Uso do Correio Eletrônico Corporativo

4

Nas empresas, os problemas decorrentes do uso da Internet trazem à baila um conjunto de direitos que podem ser ameaçados de lesão, como direito à intimidade, à privacidade, à liberdade de expressão e de informação, direito autoral e de propriedade intelectual, entre outros. Além disso, existem outros problemas preocupantes, porque adquirem proporções imprevisíveis, como as questões ligadas aos efeitos jurídicos de contratações feitas por meios eletrônicos, responsabilidade civil dos empregadores pelos atos praticados por seus empregados, sem mencionar as inúmeras fraudes que podem ser praticadas eletronicamente. Essa enumeração é apenas exemplificativa, sabe-se que as dificuldades são muito mais abrangentes já que não há limites para a capacidade criativa do ser humano.

4.1 Direito à intimidade

Passando ao enfoque dos primeiros aspectos levantados, ligados aos direitos humanos, é importante considerar o que representa a intimidade para cada ser. Qualquer pessoa ainda em sua casa, entre os seus familiares, deseja, naturalmente, que sua intimidade seja preservada. Os que trabalham lado a lado em uma organização esperam que sua identidade e privacidade sejam reconhecidas e respeitadas.

Alguns dos valores que contribuem para que se mantenha esse clima de respeito em uma organização são o sigilo e o respeito à intimidade. Da mesma forma que a transparência deve ser vista como um valor, a informação confidencial ou privilegiada acerca da vida das pessoas e das empresas, que chega ao conhecimento de alguém, por força do cargo ou função que desempenha, deve ser mantida sob reserva.

Roque (2001, p. 65) com muita perspicácia mostrou o risco de invasão da privacidade que todos correm. Segundo a autora, a televisão através de seus programas influencia a linguagem, o modo de vida, estimula o consumo, causando impacto nas relações familiares e na educação das crianças. A Internet divulga, sem qualquer critério, aspectos da vida pública e privada das instituições e das pessoas físicas, dissemina pornografia, cultura, consumismo, informações, valores e contravalores, avanços da ciência na área da engenharia genética, agindo com uma velocidade nunca vista. Com isso Roque revela que a sociedade, por vias indiretas, está perdendo em décadas o que levou milênios para conquistar.

O fato é que a necessidade de resguardar a intimidade é um valor inerente ao ser humano. Assim, os líderes empresariais devem incentivar entre seus colaboradores a prática da virtude da discrição, da preservação do sigilo e do respeito à intimidade. Contudo, torna-se difícil assegurar esse respeito quando, em nome da segurança, são instaladas câmeras para observar o "ir-e-vir das pessoas" que se locomovem dentro de certos ambientes de trabalho, ou em outros ambientes públicos e, atualmente, até mesmo em residências.

Como corolário do direito à intimidade está o direito de ver mantido em segredo o que diz respeito à intimidade, o que se passa em seu interior ou ainda em seu círculo restrito. E, como a todo direito corresponde um dever, ao direito de ver mantido o segredo, corresponde o dever de sigilo de não revelar o segredo[1].

Em abril de 2001 estiveram no Brasil dois professores e consultores de empresa de nomeada no campo internacional: Robert Solomon, professor da Universidade do Texas, em Austin, EUA, e Laura Nash, Ph.D., professora e pesquisadora sênior na Universidade de Harvard, Boston, EUA[2].

As duas personalidades, em ocasiões distintas, ao serem indagadas sobre a ética na era da informática, fizeram menção à importância ímpar de certos

---

1 A Constituição da República Federativa do Brasil passou a incluir, a partir de 1988, o segredo entre os bens da vida preservados.
2 O jornal *Gazeta Mercantil*, 24 abr. 2001, p. C2, publicou uma matéria sobre o trabalho de Solomon, sob o título "A difícil convivência entre a competição e a ética no mercado". O jornal *Valor Econômico*, de 25 abr. 2001, p. D4, publicou entrevista concedida por Laura Nash, sob o título: "Como fica a questão ética na era da informação".

valores, que, sempre considerados indispensáveis, ganharam relevo ainda maior no mundo virtual.

Trata-se da confiança e da integridade. São valores que, se respeitados, proporcionarão imensos benefícios e vantagens e estimularão a competitividade entre as empresas.

Assim, referidos profissionais, que na ocasião ministraram palestras na Fundação Getulio Vargas, em vez de discorrerem sobre assunto usual e comum quando se fala de privacidade na Internet (ações de "micreiros", *hackers* ou pessoas que fazem uso indevido do mundo virtual, *cookies* e outros), surpreenderam empresários e universitários com uma faceta positiva e alentadora para os que acreditam que, apesar dos desmandos que são presenciados hoje, ainda há espaço para a ética dos valores.

Com efeito, já se observou (WHITAKER, 2001, p. 45) que a nova forma de relacionamento que se estabelece entre as pessoas no mundo virtual tende a abolir o que é essencial ao contato humano: o "olho no olho", o "aperto de mão", que revelam a integridade e transmitem confiança. De fato, nada substitui a presença das partes contratantes no fechamento de qualquer tipo de acordo, na transmissão de qualquer informação, seja ela relevante, seja corriqueira. O modo de ser, o olhar, o gesto humano são insubstituíveis e trazem revelações que o contato virtual é incapaz de transmitir. Os trabalhos intelectuais produzidos, as mensagens trocadas pelo correio eletrônico, as informações relativas à identidade, constantes de cadastros individuais ou de empresas, as preferências pessoais reveladas por consultas em *sites* e outras informações que se podem auferir mediante o uso da Internet constituem dados e elementos privados de cada usuário. A Constituição Federal, em seu artigo 5º, inciso XI, prevê que "a casa é o asilo inviolável do indivíduo". Da mesma forma, deveria gozar dessa inviolabilidade constitucional, o espaço virtual do indivíduo. Impõe-se a proteção a essa sua privacidade virtual.

4.2 Privacidade como corolário do direito à intimidade

Sendo a pessoa sujeito de direitos e capaz de contrair obrigações, um dos direitos amplamente reconhecidos e divulgados é o direito à intimidade.

A proteção civil do indivíduo, exercida contra interferências estranhas e arbitrárias, reveladoras do que se passa no círculo fechado de sua vida privada, chama-se direito à intimidade. (FRANÇA, 1977, p. 99)

O direito à intimidade aparece como um desdobramento do direito da personalidade, e a maioria dos países dispõe de legislação que visa a tutelá-lo. Entretanto, poucas são as nações que contam com meios específicos que tornem eficaz essa tutela.

Assim, ao direito de ver mantido o segredo, corresponde o dever de sigilo de não revelar o segredo. O sentido que se pretende conferir à palavra segredo é abrangente e diz respeito a tudo que uma pessoa de bem gostaria que se mantivesse oculto ou reservado a um círculo restrito, por se tratar de dados relativos à sua intimidade.

De Cupis (1950, p. 108) define privacidade "como aquele modo de ser da pessoa que consiste na exclusão do conhecimento pelos outros de tudo aquilo que se refere à pessoa mesma".

Como ponderou Whitaker (2002b, p. 103), são ilícitos e passíveis de punição os atos de invasão e divulgação abusivas dos aspectos que compõem a intimidade de cada pessoa. É reprovável a violação dos bens integrantes da esfera da personalidade do ser humano, que hoje se encontram mais vulneráveis aos recursos tecnológicos. Impõe-se a preservação da vida íntima e doméstica de cada pessoa, das relações familiares e afetivas, dos hábitos, da identidade, da imagem, dos endereços, da vida profissional e cibernética ou virtual, enfim, de tudo que diz respeito à pessoa como tal.

4.3 O ponto de vista ético

Ceneviva (1996, p. 17) distingue o dever ético do dever jurídico de não revelar o segredo. Este último pode decorrer tanto de imposição legal para médicos, advogados, consultores e outros profissionais liberais quanto de vínculo contratual (os contratos de *know-how*, o conhecimento adquirido em função da relação contratual de trabalho e outros). O dever ético de não revelar fatos conhecidos da intimidade das pessoas faz-se presente nas relações humanas de modo geral e nas empresas.

Levando em conta esta última conotação — ética —, Whitaker (2002b, p. 103) estabeleceu a comparação: à semelhança da pessoa física, a pessoa jurídica tem uma privacidade a preservar. Suas táticas de vendas, seus mecanismos de treinamento de pessoas, seus projetos em relação a serviços ou bens que administra e desenvolve, sua estratégia para alcançar os objetivos traçados constituem bens que se integram na esfera privada da pessoa jurídica.

Assim, do sócio majoritário da empresa ao último empregado, todos os seus integrantes, no exercício de suas funções, tomam conhecimento de inúmeros aspectos da vida da empresa e de alguma maneira se envolvem com o chamado direito dever de sigilo. Este direito dever é impregnado do dever ético que confere responsabilidade e grandeza a quem o exercita de modo digno, ajudando a edificar a verdadeira imagem da organização.

É importante preservar sempre a justiça, a dignidade da pessoa e a honestidade, ao se tomarem decisões que envolvam questões de sigilo.

Se em vez de divulgar, com tanta ênfase, o mau uso que se faz da Internet, fossem bem explorados os valores do ser humano, estar-se-ia contribuindo para um mundo cibernético mais condizente com a dignidade humana.

Dessa forma seriam de fato eficazes as disposições legais que visam a tutela do direito à intimidade, que no Brasil encontra-se no artigo 5º da Constituição da República. Eis o grande desafio para legisladores, advogados, empresários e todos os usuários da Internet: contribuir de maneira efetiva para a criação de mecanismos que assegurem o incentivo da honestidade, da integridade e da confiança. Impõe-se a "parceria" indissolúvel entre os valores éticos e os conhecimentos técnicos.

4.4 Parceria entre tecnologia e ética

Os que pretendem participar do mundo virtual, seja para fins particulares, seja para exercer o seu trabalho profissional, levarão algum tempo para conquistar confiança e segurança. Com efeito, até o momento, o que se tem presenciado é que à medida que a tecnologia progride no âmbito cibernético, os fraudadores avançam. Assim, em vez de serem canalizados os esforços dos especialistas no aprimoramento da tecnologia, há um enorme desperdício intelectual e financeiro para direcionar os recursos no controle e na restauração dos estragos e danos causados pelas fraudes. Daí a razão das senhas, cadeados e outros meios de segurança e precaução.

Essas violações, na maior parte das vezes, atingem diretamente a esfera da intimidade das pessoas, como intromissões indevidas, divulgação de boatos, cópias, manipulação de dados cadastrais e o seu confronto com outros dados que podem implicar verdadeira devassa da vida pessoal, para mencionar apenas alguns exemplos.

Entretanto, parece ser possível concluir que, se prevalecer a consciência de cada um em pautar sua conduta por princípios éticos, haverá um outro instrumento efetivo de tutela do direito à intimidade que o garantirá, exercendo um papel preventivo à sua violação. Concretizar-se-á a "parceria" proposta anteriormente entre a tecnologia e a ética.

4.5 Correio eletrônico

De um lado está o empregador que oferece ao seu colaborador os instrumentos necessários para o desenvolvimento de seu trabalho, tais como equipamentos eletrônicos sofisticados, que exigem especialização para o seu uso e demandam um conhecimento específico. Evidentemente, o custo pela aquisição e manutenção desses aparelhos, bem como o treinamento dos operadores, é sustentado pela empresa.

De outro lado, o empregado recebe para a execução de seu trabalho esses instrumentos, devendo se preparar para utilizá-los adequadamente, participando de treinamentos, registrando e preservando sua senha, mantendo sigilo sobre as inúmeras informações que manipula em razão do trabalho. Surgem daí questões relativas à privacidade, dever e direito ao sigilo, decorrentes do uso do correio eletrônico.

4.6 Visão dos estrangeiros

De George (1995, p. 359) trata da questão da privacidade na era dos computadores e propõe o que deve ser um desafio para os empresários: a busca de padrões de moralidade, estabelecendo-se práticas que legitimem o uso dessas inovações eletrônicas, bem como a solução de inúmeros problemas delas decorrentes. Alerta que a privacidade é um direito que os empregadores devem assegurar aos seus empregados, tanto quanto asseguram o rendimento dos seus investidores. Por outro lado, os empregados têm a obrigação de respeitar a privacidade dos arquivos e controlar sua curiosidade quando existe a possibilidade de acessar arquivos não autorizados. Devem também manter a confidencialidade de documentos e arquivos os quais acessam com a devida autorização. Em qualquer circunstância exige-se sério comprometimento tanto dos empregados quanto dos empregadores.

Blum e Abrusio (2002)[3] fazem referência a duas pesquisas sobre ética no local de trabalho. A primeira, realizada pela Society of Financial Service, apontou que 44% dos funcionários entrevistados declararam que o monitoramento de mensagens eletrônicas no local de trabalho representa uma séria violação ética. A segunda identificou que somente 39% dos patrões entrevistados reconheceram que o monitoramento dos *e-mails* é seriamente antiético. Uma pesquisa similar feita pela American Management Association revelou que aproximadamente 67% das companhias dos Estados Unidos monitoram eletronicamente seus funcionários de alguma forma (USA Today).

Os autores também fazem referência à polêmica gerada pela lei aprovada pelo Parlamento Inglês, que autoriza o monitoramento de *e-mails* e telefonemas por empregadores, a partir de 24.10.2000. Para os grupos de defesa de privacidade, a lei conhecida como Regulation of Investigatory Powers (RIP) estaria violando diretamente a lei de Direitos Humanos (Human Rights Act). Holanda, Rússia e África do Sul são países que também discutem o direito de monitoramento de *e-mail*.

Uma pesquisadora da cidadania corporativa no Brasil, chamada Christin Hokenstad, da Universidade de Harvard, de passagem pela Fundação Getulio Vargas, em São Paulo, foi indagada pelos autores deste trabalho[4] sobre como está sendo tratada pela empresa americana a questão da violação do sigilo e do uso de correio eletrônico. Hokenstad respondeu que está sendo cada vez mais freqüente a exigência, por parte das empresas, de que todas as mensagens eletrônicas pessoais dos empregados sejam enviadas para seus endereços eletrônicos privados e lidas durante intervalos ou fora do ambiente de trabalho (veja entrevista transcrita no Anexo I).

A pesquisadora informou também que os ativistas de direitos humanos estão pressionando as companhias a informar seus empregados quando colocados sob vigilância. Como muitos alegam, é uma questão de respeito e um direito. Entretanto, sob o pálio da segurança, os empregados das empresas

---
3   Disponível em: <www.opiceblum.com.br/artig.htm>. Acesso em: 1º abr. 2004.
4   Entrevista concedida aos autores em 09.12.2003.

permanecem sob constante vigilância. A eficiência é priorizada em detrimento de nossas relações pessoais e, algumas vezes, do respeito mútuo.

4.7 Monitoramento do correio eletrônico

Passemos a buscar algumas respostas. Pode o empregador monitorar o correio eletrônico do empregado? Não seria uma intromissão e uma devassa da intimidade do colaborador?

No Brasil, a Constituição Federal (artigo 5º, inciso XII) protege a liberdade das comunicações, confirmando como inviolável o sigilo da correspondência e das comunicações telegráficas, além de dados e das comunicações telefônicas. O bem da vida protegido é a liberdade das comunicações e o sigilo a respeito da comunicação emitida. Contudo, é importante ressaltar a ressalva feita no próprio texto constitucional, que prevê a quebra do sigilo em caso de existência de determinação judicial e para fins de investigação criminal ou de instrução de processo penal.

O Código Penal Brasileiro (artigo 151) considera crime a devassa indevida do conteúdo de correspondência fechada, dirigida a outrem, prevendo para este crime a aplicação da pena de detenção, de um a seis meses, ou multa.

Como se observa, a lei brasileira protege a intimidade e considera crime a violação de correspondência. Ao correio eletrônico aplicam-se as mesmas regras já existentes, mas há maneiras de as organizações cumprirem a lei sem violar o direito dos seus empregados. Considerando-se que o empregado está usando equipamento da empregadora para realizar trabalhos em nome da empresa para seus clientes, nada mais razoável que seja assinado entre as partes um acordo, mediante o qual o empregado se declare ciente e não se oponha à monitoração dos *e-mails* corporativos por parte do empregador.

O que na prática ocorre é que o empregado, algumas vezes abusando do direito de uso do seu *e-mail* corporativo, o utiliza simultaneamente para fins individuais, sem fazer nenhuma separação entre o que é da empresa e o que é privado. Assim, algumas empresas implantam políticas do uso de correio eletrônico e determinam que se faça a distinção entre o *e-mail* particular e o corporativo, de modo que os assuntos da vida privada não sejam veiculados através do *e-mail* corporativo, evitando-se o comprometimento da imagem da empresa. O descumprimento dessas políticas em certos casos poderá redundar em falta grave do empregado.

Quanto ao uso do *e-mail* particular, caberá ao empregador permitir, ou não, essa prática. Em caso positivo poderá impor condições e restrições. Poderá, por exemplo, permiti-la desde que não afete o bom andamento do trabalho, que o colaborador se sirva de outro provedor que não o da empresa, que o faça em horários diferentes do expediente de trabalho, e assim por diante.

Há, porém, pensamento divergente, como o de Paiva (2002)[5], que relatou o caso de uma empresa que, no momento da assinatura do contrato de trabalho, convidava o empregado a renunciar à privacidade do correio eletrônico por ela disponibilizado. Este autor entendeu que a medida tomada pela empresa pretendia legitimar sua intromissão indevida nas comunicações emitidas por seus empregados. Foi veemente ao condenar essa prática, entendendo que esse procedimento feria frontalmente a ordem constitucional que assegura a inviolabilidade do sigilo de correspondência.

Para contornar a falta de regulamentação legal, entendia ele que empregado e empregador deveriam estabelecer acordos relativos ao correio eletrônico, para uniformização de seu uso através de regulamentos da empresa ou convenções coletivas.

Paiva (2002) ainda condenou a existência de contrato de adesão, mecanismo através do qual o empregador impõe a sua vontade, e ao empregado, sem nenhuma possibilidade de escolha, não resta outra alternativa, senão a de aderir às regras unilateralmente impostas pelo empregador.

De acordo com o autor, primeiro deveria existir uma comunicação prévia do empregador ao empregado sobre a investigação e o monitoramento de suas correspondências eletrônicas. Em segundo lugar, deveria estar presente um representante sindical para tutelar os direitos do trabalhador, controlando as garantias de transparência; e, por último, deveriam existir regras que dosassem a penalidade aplicada ao empregado, segundo a gravidade do fato por ele praticado, no uso da Internet.

Permitem-se os autores discordar dessa extremada posição de Paiva. Com efeito, o bom senso permite aliar os interesses do empregador aos do

---

5   Disponível em: <www.advogado.adv.br/artigos/2002/mlobatopaiva/monitoramentomail.htm>. Acesso em: 16 mar. 2004.

empregado, sem a necessidade de se exigir a presença de representante sindical para tutelar os direitos do trabalhador em eventual acordo sobre monitoramento de mensagens por parte da empresa.

É inegável a importância do direito de sigilo de correspondência, tanto que é contemplado pela própria Constituição Federal. Entretanto, esse direito não é absoluto, já que o próprio texto legal prevê exceções em sua aplicação aos casos concretos. Trata-se de um direito disponível mediante o consentimento de seu titular. Por essa razão, recomendou-se anteriormente o estabelecimento de prévio acordo entre o empregador e seu colaborador a respeito da monitoração das mensagens eletrônicas corporativas.

4.8 Algumas decisões judiciais

No meio jurídico o assunto já foi levado aos Tribunais. Entre as decisões existentes podem ser citadas as seguintes:

EMENTA: RESOLUÇÃO CONTRATUAL. SISTEMA DE COMUNICAÇÃO ELETRÔNICA. UTILIZAÇÃO INDEVIDA. ENVIO DE FOTOS PORNOGRÁFICAS. SIGILO DE CORRESPONDÊNCIA. QUEBRA. INOCORRÊNCIA. Se o *e-mail* é concedido pelo empregador para o exercício das atividades laborais, não há como equipará-lo às correspondências postais e telefônicas, objetos da tutela constitucional inscrita no artigo 5º, inciso XII, da CF. Tratando-se de ferramenta de trabalho, e não de benefício contratual indireto, o acesso ao correio eletrônico não se qualifica como espaço eminentemente privado, insuscetível de controle por parte do empregador, titular do poder diretivo e proprietário dos equipamentos e sistemas operados. Por isso o rastreamento do sistema de provisão de acesso à Internet, como forma de identificar o responsável pelo envio de fotos pornográficas a partir dos equipamentos da empresa, não denota quebra de sigilo de correspondência (artigo 5º, inciso XII, da CF), igualmente não desqualificando a prova assim obtida (artigo 5º, inciso LVI, da CF), nulificando a justa causa aplicada (CLT, artigo 482). (TRT-DF-RO 0504/2002) - Acórdão 3ª Turma) (Paiva, 2002).

EMENTA: JUSTA CAUSA. *E-MAIL*. PROVA PRODUZIDA POR MEIO ILÍCITO. NÃO-OCORRÊNCIA. QUANDO O EMPREGADO COMETE UM ATO DE IMPROBIDADE OU MESMO UM DELITO UTILIZANDO-SE DO *E-MAIL* DA EMPRESA, ESTA EM REGRA, RESPONDE SOLIDARIAMENTE PELO ATO PRATICADO POR AQUELE. Sob este prisma, podemos então constatar o quão grave e delicada é esta questão, que demanda a apreciação jurídica dos profissionais do Direito. Enquadrando tal situação à consolidação das leis do trabalho, verifica-se que tal conduta é absolutamente imprópria, podendo configurar justa causa para a rescisão contratual, dependendo do caso e da gravidade do ato praticado. Considerando que os equipamentos de informática são disponibilizados pelas empresas aos seus funcionários com a finalidade única de atender às suas atividades laborativas, o controle do *e-mail* apresenta-se como a forma mais eficaz, não somente de proteção ao sigilo profissional, como de evitar o mau uso do sistema Internet que atenta contra a moral e os bons costumes, podendo causar à empresa prejuízos de larga monta. Ementa aprovada em 26 de junho de 2002 (data do julgamento). Publicação: DOU 19.07.2002 (TRT-RO 0504/2002 - 3ª Turma)[6].

As interpretações do texto legal parecem sensatas e conciliadoras dos direitos do empregado e do empregador.

4.9 Outro aspecto: a atuação do sindicato

Bittencourt (2005)[7] refere-se a uma queixa promovida por Sindicato Espanhol contra o setor bancário e a Comissão dos Trabalhadores.

Entendia o sindicato haver desrespeito ao direito dos trabalhadores, o fato de a empresa utilizar filtros que impediam o sindicato de remeter aos trabalhadores, por *e-mail*, informações de cunho trabalhista. Refere a autora que a ação coletiva foi proposta contra o Banco Bilbao Vizcaya Argentaria (BBVA), alegando que a instituição rejeita todas as comunicações em que apareçam determinadas palavras no remetente que indiquem referências a órgãos sindicais.

Os sindicatos desejam, comenta Bittencourt, estabelecer políticas que regulamentem a utilização das comunicações eletrônicas, procurando conciliar o interesse das empresas com o direito dos seus trabalhadores.

---

6   Esta ementa de acórdão foi obtida por mensagem eletrônica encaminhada em 12.04.2004 para os autores por Sueli de Castro Amorim, da Seção de Jurisprudência do TRT/DF - 10ª Região.
7   Disponível em: www.widebiz.com.br/gente/angela/direitosind.html.

4.10 Normas da Fundação Vanzolini

Na tentativa de traçar limites entre o que é aceitável e o que é abuso de privacidade na Internet, a Fundação Carlos Alberto Vanzolini, ligada à Escola Politécnica da Universidade de São Paulo, elaborou a Norma de Referência da Privacidade *On-line* (NRPOL), em junho de 2000[8].

---

8   A Norma de Referência de Privacidade *On-line* abrange a legislação brasileira e as diretrizes internacionais de defesa do consumidor e privacidade dos cidadãos. A matéria foi registrada no Escritório de Direitos Autorais da Fundação Biblioteca Nacional — Protocolo 5803/2000. Disponível em: <www.privacidade-vanzolini. org.br>. Acesso em: 25 abr. 2004.

CAPÍTULO 5

Abordagem Jurídica dos Direitos Autorais das Publicações e Criações do Espírito Humano Inseridas na Internet

5.1 Legislação aplicável

No Brasil, como em outros países, há disposição legal a respeito dos direitos autorais.

A Constituição Federal de 1988, no título que trata dos direitos e garantias individuais, correspondente ao capítulo dos direitos e deveres individuais e coletivos (incisos XXVII, XXVIII e XXIX do artigo 5º), assim dispõe:

> Artigo 5º - Todos são iguais perante a lei, sem distinção de qualquer natureza, garantindo-se aos brasileiros e aos estrangeiros residentes no País a inviolabilidade do direito à vida, à liberdade, à igualdade, à segurança e à propriedade, nos termos seguintes:
> [...]
> XXVII - aos autores pertence o direito exclusivo de utilização, publicação ou reprodução de suas obras, transmissível aos herdeiros pelo tempo que a lei fixar;
> XXVIII - são assegurados, nos termos da lei:
> a) proteção às participações individuais em obras coletivas e à reprodução da imagem e voz humanas, inclusive nas atividades desportivas;
> b) o direito de fiscalização do aproveitamento econômico das obras que criarem ou de que participarem aos criadores, aos intérpretes e às respectivas representações sindicais e associativas;
> XXIX - a lei assegurará aos autores de inventos industriais privilégio temporário para sua utilização, bem como proteção às criações industriais, à propriedade das marcas, aos nomes de empresas e a outros signos distintivos, tendo em vista o interesse social e o desenvolvimento tecnológico e econômico do País.

Na legislação pátria, além da previsão constitucional, têm-se os direitos de autor e dos que lhe são conexos[1] regulados pela Lei nº 9.610[2], de 19.02.1998, e pela Lei nº 9.609[3], da mesma data.

O Brasil também é signatário de diversos tratados e convenções internacionais que representam o compromisso assumido pelo País, perante a comunidade internacional, de respeitar e proteger os direitos autorais relativos às obras intelectuais. Dentre as principais normas internacionais, devem ser destacadas:

- Convenção de Berna (Decreto nº 75.699, de 06.05.1975, publicado no DOU de 09.05.1975).
- Convenção de Roma, sobre direitos conexos (Decreto nº 57.125, de 19.10.1965, publicado no DOFC de 28.10.1965, col. 1, p. 1076).
- Acordo sobre Aspectos dos Direitos de Propriedade Intelectual, relacionados ao Comércio (ADPIC) – Decreto nº 1.355, de 30.12.1994, publicado no DOU de 31.12.1994, p. 21394).

5.2 O bem jurídico protegido

Objeto de proteção legal são as obras intelectuais, as criações do espírito, expressas por qualquer meio ou fixadas em qualquer suporte, tangível ou intangível, conhecido ou que se invente no futuro (*caput* do artigo 7º da Lei nº 9.610/1998). Blum e Abrusio (2002) explicam que essa proteção legal se concretiza independentemente do meio físico em que se encontre a obra. Assim, para ser agasalhada pela lei será irrelevante o suporte em que a obra se materializar. É suficiente que a obra seja uma criação do espírito para receber

---

1   Os direitos conexos são aqueles dos artistas, intérpretes ou executantes, produtores de fonogramas e organismos de radiodifusão, que foram contemplados pela lei do direito autoral. Com efeito, a Lei nº 9.610/1998 conferiu a eles a mesma proteção dispensada aos autores das obras literárias, artísticas ou científicas.
2   A Lei nº 9.610, de 19.02.1998, publicada no DOU de 20.02.1998, p. 3, col. 2, altera, atualiza e consolida a legislação sobre direitos autorais e dá outras providências (Disponível em: <www.senado.gov.br>. Acesso em: 24 maio 2004).
3   A Lei nº 9.609, de 19.02.1998, publicada no DOU de 20.02.1998, p. 1, col. 2, dispõe sobre a proteção da propriedade intelectual de programa de computador, sua comercialização no País, e dá outras providências (Disponível em: <www.senado.gov.br>. Acesso em: 24 maio 2004).

a proteção conferida em lei, seja ela apresentada em livro, disco, CD-ROM, banco de dados, meio magnético, fonograma ou quaisquer outros meios.

O bem jurídico protegido pelo legislador é, portanto, o produto da criação intelectual. As idéias em si não são protegidas (artigo 8º da Lei nº 9.610/1998). O direito autoral passa a existir no momento em que a idéia concebida se materializa no meio físico escolhido para sua concretização, comunicação e transmissão.

Santos (2001, p. 140) chama a atenção sobre a verdadeira revolução provocada pelo espaço cibernético na forma como as criações intelectuais são propagadas, manipuladas e conservadas. Aponta os três principais elementos caracterizadores da chamada utilização por meio de recursos eletrônicos das obras intelectuais: como novo veículo surge o meio informático; como nova forma de reprodução, aparece a digitalização; e como nova forma de comunicação desponta o sistema de comunicação instantâneo e global. Esse mesmo autor mostra que o meio informático e a digitalização fizeram surgir, como conseqüência, um fenômeno que se denominou desmaterialização das criações intelectuais. Os suportes convencionais de informação (impressos, magnéticos, foto sensíveis etc.) foram substituídos pelos suportes digitais intangíveis que passaram a exigir regramento legal.

O legislador enumera, a título exemplificativo, essas obras intelectuais protegidas. Todas elas podem ser objeto de materialização em meio físico apto a circular pela Internet. São elas: os textos de obras literárias, artísticas ou científicas; as conferências, alocuções, sermões e outras obras da mesma natureza; as obras dramáticas e dramático-musicais; as obras coreográficas e pantomímicas, cuja execução cênica se fixa por escrito ou por qualquer outra forma; as composições musicais, tenham ou não letra; as obras audiovisuais, sonorizadas ou não, inclusive as cinematográficas; as obras fotográficas e as produzidas por qualquer processo análogo ao da fotografia; as obras de desenho, pintura, gravura, escultura, litografia e arte cinética; as ilustrações, cartas geográficas e outras obras da mesma natureza; os projetos, esboços e obras plásticas concernentes a geografia, engenharia, topografia, arquitetura, paisagismo, cenografia e ciência; as adaptações, traduções e outras transformações de obras originais, apresentadas como criação intelectual nova; os programas de computador (estes são contemplados por lei específica, como se verá a seguir); e as coletâneas ou compilações, antologias, enciclopédias, dicionários, bases de dados e outras obras, que, por sua seleção, organização ou disposição de seu conteúdo, constituam uma criação intelectual (artigo 7º, incisos I a XIII, da Lei nº 9.610/1998).

5.3 O autor é o titular da obra

A Lei nº 9.610, de 19.02.1998, em seu artigo 11 define o autor como a pessoa física criadora de obra literária, artística ou científica. Assim, o criador de páginas da *web*, o programador de treinamentos para os colaboradores das empresas, o professor que cria aulas e atividades para o ensino a distância podem exercer o mesmo direito de autoria que o escritor, o artista plástico, o fotógrafo, o desenhista e outros. No entanto, é importante frisar que a pessoa jurídica também é reconhecida como titular deste direito (parágrafo único do mencionado artigo).

5.4 Registro da obra

A simples menção de autoria identifica a titularidade da obra independentemente de seu registro que não é obrigatório (artigo 18 da Lei nº 9.610, de 19.02.1998). Entretanto, é permitido ao autor registrar a sua obra no órgão público competente, que no caso de obra intelectual será a Fundação Biblioteca Nacional (artigo 19 da Lei nº 9.610, de 19.02.1998).

A proteção aos titulares dos direitos patrimoniais sobre as bases de dados, o armazenamento em computador, a microfilmagem e as demais formas de arquivamento do gênero foi uma das inovações trazida pela Lei nº 9.610/1998. O titular do direito patrimonial sobre uma base de dados terá o direito exclusivo, a respeito da forma de expressão da estrutura da referida base, de autorizar ou proibir sua reprodução total ou parcial, por qualquer meio ou processo; a distribuição do original ou cópias da base de dados ou a sua comunicação ao público; a reprodução, distribuição ou comunicação ao público dos resultados da sua tradução, adaptação, reordenação ou qualquer outra modificação feita na obra (artigo 87 da Lei nº 9.610/1998).

Outra significativa inovação relativa aos direitos conferidos aos produtores fonográficos, que antes eram apenas atribuídos ao criador da música propriamente dita, foi a de perceber os rendimentos pecuniários resultantes da execução pública dos fonogramas e reparti-los com os artistas, na forma convencionada entre eles ou suas associações (artigo 94 da Lei nº 9.610/1998).

Blum e Abrusio (2002) inserem neste contexto o litígio judicial entre as multinacionais produtoras de fonogramas e o NAPSTER/MP3. Após informarem que o MP3 começou a ser desenvolvido em 1987, dizem que, somente em 1992, o formato foi aceito como um padrão para compactação de arquivos musicais. Recebeu a denominação International Electro Technical-Moving Pictures Experts Group (ISO-MPEG) Áudio Layer-3, que, depois, foi reduzida para apenas duas letras e um número, qual seja, MP3.

No Brasil, o Escritório Central de Arrecadação e Distribuição (ECAD) tem sido protagonista de inúmeras ações que tramitam e tramitaram no Judiciário, propugnando pelo pagamento dos direitos autorais, por parte de empresas e entidades que sonorizam áreas comuns de seus ambientes de trabalho.

5.5 Domínio público

Ao contrário do que pensam alguns, o que está na Internet não é de domínio público, embora possa ser visualizado e esteja acessível a qualquer público. Para que uma obra caia em domínio público é necessário que o autor, ou o último autor, no caso de parceria, tenha falecido há mais de setenta anos. Isso quer dizer que somente depois de decorridos setenta anos da morte do autor ou do parceiro é que a obra é considerada de domínio público e pode ser utilizada livremente (artigo 41 e seguintes da Lei nº 9.610/1998).

5.6 Proteção do *software*

A Lei nº 9.609, de 19.02.1998, dispõe sobre a proteção de propriedade intelectual de programa de computador, sua comercialização no País e dá outras providências. É a chamada lei do *software* que confere proteção aos programas de computador.

5.7 Conceito de *software*

O conceito de *software* está contido no artigo 1º da Lei nº 9.609, de 19.02.1998, que assim o define:

Artigo 1º – Programa de computador é a expressão de um conjunto organizado de instruções em linguagem natural ou codificada, contida em suporte físico de qualquer natureza, de emprego necessário em máquinas automáticas de tratamento da informação, dispositivos, instrumentos ou equipamentos periféricos, baseados em técnica digital ou análoga, para fazê-los funcionar de modo e para fins determinados.

5.8 Registro dos programas de computador e de seu nome comercial

Os *softwares* são passíveis de registro em órgão ou entidade a ser designado por ato do Poder Executivo, por iniciativa do Ministério responsável pela política de ciência e tecnologia (artigo 3º da Lei nº 9.609/1998). O Instituto Nacional da Propriedade Industrial (INPI) é o órgão público competente para fazer esse registro.

Apesar de esse registro não ser obrigatório, é importante fazê-lo. Com efeito, no caso das demais obras protegidas pelo Direito Autoral, como literatura, música, artes plásticas, arquitetura, entre outras, é exigida a comprovação da autoria para o exercício do direito de exclusividade das respectivas obras. Porém, dada a volatilidade dos programas de computador, sempre presentes em meios magnéticos e, conseqüentemente, passíveis de alterações freqüentes, torna-se praticamente impossível fazer a exigida comprovação de autoria na hipótese de inexistência do registro. Essa explicação da necessidade do registro do programa de computador é fornecida pelo próprio INPI[4], órgão pertencente ao Ministério do Desenvolvimento, Indústria e Comércio Exterior.

Além da proteção ao próprio programa de computador, a lei prevê proteção para o seu título. Para tanto, será necessário que este seja original e inconfundível com obra do mesmo gênero divulgada anteriormente por outro autor (artigo 10 da Lei nº 9.610/1998). Assim, através do título, pode e deve ser protegido o nome comercial dos programas de computador, além do registro do próprio programa.

---

4   A explicação sobre a necessidade do registro do programa de computador foi encontrada no *site* do INPI: <www.inpi.gov.br>. Acesso em: 25 abr. 2004.

5.9 Exercício do direito de autor

A produção intelectual, no caso do *software*, resulta do trabalho de uma pessoa ou de um grupo de pessoas que trabalhou a matéria-prima, ou seja, aquele conjunto organizado de instruções em linguagem natural ou codificada para torná-lo inteligível pelo computador.

Os direitos de uso e gozo desse *software* pertencem ao seu autor, mas, como bem esclarece Jardim Neto (2001, p. 284), o valor econômico do programa de computador, após a sua criação e colocação no mercado, terá ligação direta com o valor ofertado pelo consumidor que desejar utilizá-lo. Em conseqüência, qualquer pessoa com conhecimentos mínimos de microinformática, que desejasse utilizar o programa, poderia fazer uma cópia dessa seqüência de dados e informações de modo muito simples. Bastaria recorrer a alguém que detivesse esse material e copiá-lo. Entretanto, não poderia fazer uso legal daquele programa porque não estaria autorizado pelo seu autor.

5.10 Aquisição do produto de modo legal

Aquisição do produto de modo legal é o acesso ao direito de uso que garante o uso do *software* original dentro da lei. A aquisição desse produto de modo legal sujeita o adquirente ao pagamento dos direitos autorais. Daí a grande diferença de preço entre o *software* resultante de contrafação[5] e o original. Em compensação, enquanto o *software* original confere ao adquirente o direito de uso, o *software* pirata adquirido por um valor irrisório traz para o adquirente o risco da responsabilização civil e criminal.

O que ocorre, então, é uma cessão do direito de uso do programa de computador que se materializa em determinado suporte físico, que se torna um meio, simples veículo de transmissão da cópia daquele conteúdo. Por isso o disquete ou CD piratas custam apenas o valor do suporte físico, enquanto o programa original contido naqueles suportes vale pelo trabalho intelectual que foi desenvolvido para confeccioná-lo.

Na prática tem-se presenciado quantidades incomensuráveis de infrações cometidas contra os direitos autorais. Aliás, isso não é novidade, visto que, com a utilização de técnicas eletrônicas de reprodução de livros, discos,

---

5   Contrafação é a cópia não autorizada pelo seu titular de qualquer suporte físico que contenha obras intelectuais legalmente protegidas, inclusive a Internet.

fitas e filmes, a pirataria[6] já se disseminou por todo o globo terrestre. O problema é que com o uso da Internet torna-se muito mais difícil a proteção dos direitos autorais, uma vez que a sua fiscalização e o estabelecimento de normas e sanções para essa prática são muito mais difíceis de ser exercidos. Com efeito, a dimensão e o alcance do número de pessoas que podem se envolver com uma informação transmitida pela Internet são inimagináveis.

Blum e Abrusio (2002), ao debaterem sobre cópia, reprodução e utilização indevida de obras intelectuais, explicam que não se considera pirata a cópia única, realizada em casa, para uso exclusivamente pessoal. Se esta cópia, porém, extrapolar o âmbito privado para ser reproduzida, alugada, trocada, exibida publicamente, ou de qualquer forma utilizada, sem a expressa autorização dos respectivos titulares, aí sim, ela será considerada contrafação.

Os especialistas em direito autoral eletrônico relatam também interessante decisão judicial, prolatada em 20.02.2002, versando sobre pirataria de *software*. O magistrado da 12ª Vara Cível do Rio de Janeiro condenou a empresa HJ Software a pagar duzentos e setenta mil reais à empresa Multimídia por ter plagiado seus programas. Na sentença, o juiz, após estabelecer as devidas diferenças entre pirataria e plágio, concluiu que:

> [...] plagiar um programa de computador não significa criar um novo programa com a mesma finalidade de um outro pré-existente, mas, sim, aproveitar-se da materialização dessa idéia, ou seja, da forma como ela é apresentada e percebida pelo usuário e dar-lhe, sutilmente uma roupagem diversa. (BLUM; ABRUSIO, 2002)[7].

5.11 Direitos morais e patrimoniais

Os juristas e a própria lei distinguem os direitos patrimoniais dos direitos morais do autor. Os direitos morais representam os vínculos duradouros que unem o autor à sua criação intelectual. Conferem ao autor a possibilidade de reivindicar a autoria da obra; ter seu nome ou um sinal convencional que indi-

---

6   Nos endereços eletrônicos que seguem poderão ser encontrados os órgãos brasileiros de combate à pirataria. Disponível em: <www.cultura.gov.br/diraut/cpirataria.htm> e <www.cultura.gov.br/legislacao/direitos_autorais/links/index.php?p=1102&more=1&c=1&pb=1>. Acessos em: 22 abr. 2004 e 6 set. 2005, respectivamente.

7   Processos nºs 122036-4 e 109071-7 – 12ª Vara Cível – Rio de Janeiro.

que a sua autoria; conservar a obra inédita e assegurar a sua integridade; modificar a obra; retirar de circulação ou utilização a obra quando estas implicarem afronta à sua reputação e imagem; ter acesso a exemplar único e raro da obra quando se encontre legitimamente em poder de outrem, a fim de preservar sua memória, desde que atenda a certas condições (artigo 24 da Lei nº 9.610/1998).

Por sua vez, os direitos patrimoniais são aqueles que se referem principalmente à utilização econômica de obra intelectual, por qualquer processo técnico já existente ou ainda a ser inventado, caracterizando-se como o direito exclusivo do autor de utilizar, fruir e dispor de sua obra criativa, da maneira que quiser, bem como permitir que terceiros a utilizem, total ou parcialmente (artigo 28 da Lei nº 9.610/1998).

5.12 Possibilidade de cessão dos direitos patrimoniais

Ao contrário dos direitos morais, que são intransferíveis, imprescritíveis, inalienáveis e irrenunciáveis, os direitos patrimoniais podem ser transferidos ou cedidos a outras pessoas, às quais o autor concede direito de representação ou mesmo de utilização de suas criações. Sem autorização, portanto, a obra intelectual não poderá ser utilizada sob qualquer forma, e se o for, a pessoa responsável pela utilização desautorizada estará violando normas de direito autoral, conduta passível de medidas judiciais na esfera cível sem prejuízo das medidas criminais.

Vale a pena registrar a observação de Reinaldo Filho no sentido de que os sistemas tradicionais de proteção aos direitos autorais estavam fundamentados na noção de que a reprodução (quando não autorizada) assentava-se primeiramente em um elemento tangível. Assim, o controle legal que o autor exerce sobre um livro de sua autoria, por exemplo, sempre esteve ligado à idéia da sua reprodução física.

> A noção fundamental do ato de se fazer uma cópia perde o sentido quando se trata da reprodução de obras intelectuais na Internet. Quando uma pessoa recebe um texto por *e-mail* ou quando visualiza uma publicação em forma de página eletrônica, a operação que na realidade está acontecendo é o recebimento de uma cópia de um arquivo. Uma cópia de um arquivo está sendo transmitida

para o seu computador, arquivada na sua memória e exibida na sua tela. Um arquivo ou programa de computador não tem forma física, pois é apenas um conjunto de "bytes" no qual se encontram informações, que podem ser de natureza documental ou de natureza lógico-funcional (no primeiro caso, o exemplo pode ser uma foto ou texto digitalizados e, no segundo, instruções em linguagem de programação ou configurações de sistema). Cada "byte" é formado de oito "bits" (um "octeto" que, na representação da linguagem binária, a linguagem do computador, varia entre 0 e 1). Assim, poderíamos dizer que, se no mundo molecular e físico, o átomo é a representação da menor unidade da matéria, no meio digital o "bit" é a menor unidade de informação (REINALDO FILHO, 2005).

5.13 Das sanções às violações dos direitos autorais

Sem prejuízo das indenizações cabíveis, o titular de obra fraudulentamente reproduzida, divulgada ou de qualquer forma utilizada poderá requerer a apreensão dos exemplares reproduzidos ou a suspensão da divulgação (artigo 102 da Lei nº 9.610/1998).

Outrossim, quem editar obra literária, artística ou científica, sem autorização do titular, perderá para este os exemplares que se apreenderem e pagar-lhe-á o preço dos que tiver vendido (artigo 103 da Lei nº 9.610/1998). O legislador previu a possibilidade de não se conhecer o número de exemplares da edição fraudulenta, hipótese em que o transgressor pagará o valor de três mil exemplares, além dos apreendidos. Este número, entretanto, para o caso de *software* afigura-se mínimo em face do alcance proporcionado pelos meios eletrônicos, incluindo a Internet. A ementa a seguir transcrita revela que o Superior Tribunal de Justiça está aplicando exatamente o contido no dispositivo legal:

> Direito Civil. Recurso Especial. Ação de conhecimento sob o rito ordinário. Programa de computador (*software*). Natureza jurídica. Direito autoral (propriedade intelectual). Regime jurídico aplicável. Contrafação e comercialização não autorizada. Indenização. Danos materiais. Fixação do *quantum*. Lei especial (9.610/98, artigo 103). Danos morais. Dissídio jurisprudencial. Não demonstração [...]
> – O programa de computador (*software*) possui natureza jurídica de direito autoral (obra intelectual), e não de propriedade industrial, sendo-lhe aplicável o regime jurídico atinente às obras literárias.

– Constatada a contrafação e a comercialização não autorizada do *software*, é cabível a indenização por danos materiais conforme dispõe a lei especial, que a fixa em 3.000 exemplares, somados aos que foram apreendidos, se não for possível conhecer a exata dimensão da edição fraudulenta.

– É inadmissível o recurso especial interposto com fulcro na alínea "c" do permissivo constitucional se não restou demonstrado o dissídio jurisprudencial apontado.

Recurso Especial parcialmente provido. (Diário da Justiça, 30.06.2003, p. 240).

A lei prevê que será solidariamente responsável com o contrafator quem vender, expuser a venda, ocultar, adquirir, distribuir (no território nacional ou no exterior), tiver em depósito ou utilizar obra ou fonograma reproduzidos com fraude, com a finalidade de vender, obter ganho, vantagem, proveito, lucro direto ou indireto, para si ou para outrem (artigo 104 da Lei nº 9.610/1998).

A legislação impõe, ainda, a imediata suspensão ou interrupção da transmissão e da retransmissão, por qualquer meio ou processo, e da comunicação ao público de obras artísticas, literárias e científicas, de interpretações e de fonogramas, realizadas mediante violação aos direitos de seus titulares. Além disso está prevista a cobrança de multa diária pelo descumprimento da ordem da autoridade e outras indenizações cabíveis, independentemente das sanções penais aplicáveis. Caso o infrator seja reincidente na violação aos direitos dos titulares de direitos de autor e conexos, o valor da multa poderá ser aumentado até o dobro (artigo 105 da Lei nº 9.610/1998).

Além de responderem por perdas e danos, são também penalizados com a perda dos equipamentos utilizados os que: alterarem, suprimirem, modificarem ou inutilizarem, de qualquer maneira, dispositivos técnicos introduzidos nos exemplares das obras e produções protegidas para evitar ou restringir sua cópia, assim como os sinais codificados destinados a restringir a comunicação ao público sobre obras, produções ou emissões protegidas ou a evitar a sua cópia; suprimirem ou alterarem, sem autorização, qualquer informação sobre a gestão de direitos; distribuírem, importarem para distribuição, emitirem, comunicarem ou puserem à disposição do público, sem autorização, obras, interpretações ou execuções, exemplares de interpretações fixadas em fonogramas e emissões, sabendo que a informação sobre a gestão de direitos, sinais codificados e dispositivos técnicos foram suprimidos ou alterados sem autorização (artigo 107 da Lei nº 9.610/1998).

Quem omite a identificação da obra intelectual, ao utilizá-la por qualquer modalidade, além de responder por danos morais, está obrigado a divulgar a identidade do autor ou intérprete, segundo diversas especificações previstas na lei (artigo 108 da Lei nº 9.610/1998).

5.14 Direitos autorais sob a ótica do empregador

Como se pretende tratar dos direitos autorais e de propriedade intelectual sob a ótica da empresa e do seu colaborador, importa verificar o que dispõe a legislação brasileira sobre o assunto.

O artigo 88 da Lei nº 9.279/1996[8] prevê que a invenção e o modelo de utilidade pertencem exclusivamente ao empregador quando decorrerem de contrato de trabalho cuja execução ocorra no Brasil e que tenha por objeto a pesquisa ou a atividade inventiva, ou resulte esta da natureza dos serviços para os quais foi o empregado contratado. Ressalvada a possibilidade de as partes estipularem acordo diverso, o § 1º dispõe que a retribuição pelo trabalho a que se refere este artigo limita-se ao salário ajustado. E mais, invocando presunção de direito que admite prova em contrário, o § 2º do mesmo artigo determina que se consideram desenvolvidos na vigência do contrato a invenção ou o modelo de utilidade, cuja patente seja requerida pelo empregado até um ano após a extinção do vínculo empregatício.

Por outro lado, o empregador, titular da patente, poderá conceder ao empregado, autor de invento ou aperfeiçoamento, participação nos ganhos econômicos resultantes da exploração da patente, mediante negociação com o interessado ou conforme disposto em norma da empresa (artigo 89 da Lei nº 9.279/1996). Esta participação, entretanto, não poderá se incorporar ao contrato de trabalho.

Pertencerá, porém, exclusivamente ao empregado a invenção ou o modelo de utilidade por ele desenvolvido, desde que desvinculado do contrato de trabalho e não decorrente da utilização de recursos, meios, dados, materiais, instalações ou equipamentos do empregador (artigo 90 da Lei nº 9.279/1996).

---

8   A Lei nº 9.279, de 14.05.1996, publicada no DOU de 15.05.1996, p. 8353, col. 1, regula direitos e obrigações relativos à propriedade industrial (Disponível em: <www.senado.gov.br>. Acesso em: 24 maio 2004).

Está prevista também a possibilidade de a invenção ou o modelo de utilidade resultar da contribuição pessoal do empregado e de recursos, dados, meios, materiais, instalações ou equipamentos do empregador. Neste caso, a propriedade de invenção ou de modelo de utilidade será comum, em partes iguais (artigo 91 da Lei nº 9.279/1996). Esta norma, porém, admite ajuste contrário. O § 1º prevê a possibilidade de, no caso de haver mais de um empregado, a parte que lhes couber ser dividida igualmente entre todos. O § 2º garante ao empregador o direito exclusivo de licença de exploração, assegurando ao empregado a justa remuneração. Determina, ainda, o § 3º que a exploração do objeto da patente, se não houver acordo, deverá ser iniciada pelo empregador dentro do prazo de um ano, contado da data de sua concessão, sob pena de a titularidade da patente passar à exclusiva propriedade do empregado, ressalvadas as hipóteses de falta de exploração por razões legítimas. Finalmente, o § 4º prevê que, no caso de cessão, qualquer dos co-titulares, em igualdade de condições, poderá exercer o direito de preferência.

Quando o empresário contrata alguém para trabalhar em seu empreendimento podem ocorrer duas hipóteses. A primeira, em que o colaborador é contratado para realizar alguma obra de criação intelectual específica. A segunda, em que é contratado para executar determinado tipo de trabalho e no desenvolvimento deste trabalho, por iniciativa própria, cria algo novo, utilizando os recursos que lhe são oferecidos pela empresa. Com efeito, a capacidade ilimitada de criação do ser humano pode levá-lo muito além das expectativas de seu empregador, e a sua produção poderá render enormes lucros para a empresa.

Antes mesmo do uso da informática essas hipóteses já se verificavam. Aquele profissional que vive em regime de competição (da competição saudável, que estimula a superação e não permite a rotina) procura render mais e mais em todos os níveis: intelectual, humano e institucional. Com isso, acaba produzindo além das expectativas de seu empregador e, até mesmo, além de suas próprias probabilidades.

Na prática, as empresas exigem que o empregado, ao ser admitido, assine um contrato com cláusula na qual conste que todas as suas invenções e criações serão de propriedade da empresa, já que, como se verificou, há ressalvas feitas pela lei permitindo esse acordo.

CAPÍTULO 6

Sugestões para Implantação nas Empresas de Práticas de Ética e Segurança no Uso da Internet

Os autores deste livro realizaram pesquisa de campo em cinco empresas de porte e segmentos diferentes, algumas genuinamente brasileiras, outras multinacionais, que responderam aos questionários a elas apresentados, e algumas exibiram o material adotado como práticas de ética e segurança da informação.

As sugestões e idéias levantadas nessas empresas, aliadas à revisão bibliográfica, permitem sugerir algumas práticas para as empresas que se preocupam com essa matéria. Não há pretensão de esgotar o assunto, mesmo porque as questões que surgem em relação à Internet, neste momento, são ilimitadas.

As empresas pesquisadas foram as seguintes: Bandeirante Energia, Diebold Procomp, DPaschoal, Grupo Accor, Sandvik do Brasil S/A Indústria e Comércio, cujas características estão demonstradas no quadro constante do Anexo II.

O Anexo II apresenta as ações que essas empresas estão praticando para estimular a conduta ética e o uso adequado das ferramentas disponibilizadas pela tecnologia.

6.1 As empresas oferecem treinamento para os colaboradores

As empresas pesquisadas revelam como tratam os problemas gerados pelo uso inadequado da Internet. Algumas empresas, através de treinamento, conscientizam e estimulam seus empregados a usar, de modo racional e ético, as tecnologias da informação. Para tanto, constroem diretrizes fundamentadas na sua cultura e clima organizacional e nos parâmetros existentes para estabelecer o uso adequado dos recursos de informática, assim como instruem seus funcionários para prevenir e combater as práticas antiéticas.

Os programas de treinamento abordam conteúdos educacionais que promovem uma relação de respeito, integridade, responsabilidade e comprometimento. Deles resulta a melhoria da comunicação e da segurança da informação, entre funcionários, empresa e mercado globalizado. Fica preservada, dessa forma, a cultura da empresa e, ao mesmo tempo, cria-se condições para mudança e adequação do comportamento de todos à essa cultura.

6.2 As regras não deveriam onerar, mas servir de bússola

A participação da liderança tem de ser ativa, administrando, monitorando e estimulando cada fase da implantação do programa. É importante o acompanhamento contínuo do processo de implantação de políticas de ética e uso adequado da Internet, para não onerar as pessoas com excesso de normas e regras. O estabelecimento de diretrizes objetiva assinalar caminhos corretos. Assim como sinais de trânsito orientam o tráfego de uma cidade movimentada, tais regras devem servir de bússola para todos os integrantes da empresa. Exemplo de forma lúdica para envolver os integrantes da empresa pode ser encontrado no demonstrativo de resultado das pesquisas realizadas nas empresas (ver resposta de número 3 — Grupo Accor — Anexo II).

6.3 Aspectos que devem ser considerados na elaboração do programa de uso da Internet

A empresa deve cercar-se de conhecimentos técnicos, com a ajuda de profissionais do setor de informática, das áreas jurídica, de recursos humanos e outras que se fizerem necessárias.

A empresa deve, também, tomar posição a respeito de alguns aspectos, entre outros, definir:

- se autorizará ou não o uso da Internet e do correio eletrônico privado pelos seus integrantes;
- quais serão os limites de acesso a determinados *sites* e programas utilizados pela empresa;
- se aplicará programas de rastreamento de navegação;
- se reconhecerá os direitos autorais dos trabalhos, virtuais ou não, a serem realizados por seus empregados;
- se aplicará penalidades previstas em lei pelas infrações e se mencionará, ou não, essas penalidades nas políticas;
- se implantará arquivos compartilhados entre os colaboradores.

6.4 Alguns cuidados que podem ser adotados pelas empresas

Enumera-se, a seguir, alguns cuidados que podem ser adotados pelas empresas:

- estabelecer regras que impeçam as práticas de *spam*[1];
- impedir cópia e divulgação de textos de outrem sem permissão;
- impedir propagação de correspondência que contenha ofensas e colocações de ordem pessoal contra qualquer indivíduo;
- cuidar para que seja mantida a qualidade das mensagens, no que concerne ao conteúdo, à redação e à linguagem;
- não permitir que seja sobrecarregada a caixa postal dos demais com correntes e textos indesejados;
- classificar as informações, distinguindo as de uso reservado, interno e público, ou outros tipos de classificação;
- estabelecer regras de confidencialidade e de propriedade da informação;

---

1 Sugere-se a consulta ao Código de Ética Anti-Spam e Melhores Práticas de Uso de Mensagens Eletrônicas, em vigor desde dezembro de 2003. Elaborado com base nas disposições do Código do Conselho Nacional de Auto-Regulamentação Publicitária (Conar) e do Código de Ética da Associação Brasileira de Marketing Direto (ABEMD). Pode ser encontrado no endereço eletrônico: <www.brasilantispam.org/main/codigo.htm>. Acesso em: 25 abr. 2004.

- adotar antivírus potente e automaticamente atualizável;
- impedir o uso de *software* pirata;
- adotar bloqueadores para evitar acessos indesejados;
- estabelecer critérios para o uso ético de senha;
- estabelecer normas para impedir mensagens ofensivas e discriminatórias;
- instituir o uso formal das comunicações, já que se trata de documento de empresa;
- obter o comprometimento dos empregados, mediante algum instrumento que fixe a responsabilidade do colaborador em face da empresa.

6.5 Alguns problemas comumente ocasionados pela conduta antiética no uso da Internet

A seguir seguem exemplos desses problemas:

- propagação da pedofilia e demais perversões sexuais pela Internet;
- disseminação de vírus;
- ação de *hackers* (qualquer pessoa envolvida em quebra de sistemas);
- crimes por computador (pirataria de *software*, roubo de *hardware*, roubo de dados e cadastros);
- divulgação de *spam* (envio de mensagens eletrônicas indesejadas);
- desrespeito ao direito autoral;
- manipulação de dados, falsificação de informações;
- transmissão de boatos ou correntes.

O Quadro 6.1, elaborado por Thompson (2002, p. 51-53), permite fazer uma conferência dos aspectos técnicos desses problemas e dos riscos que oferecem.

Quadro 6.1 Riscos pela conduta antiética no uso da Internet.

Serviço	Descrição	Perigo	Fator de risco
HTTP	*Hypertext Transfer Protocol* ou Protocolo de Transferência de Hipertexto. São as *homepages* e *sites* que você visita.	*Cookies* coletam informações sobre você e a sua máquina na simples abertura de uma página no navegador. *Scripts* maliciosos podem ser executados e travar ou causar danos aos dados em seu computador. Falsos *sites*, idênticos aos das lojas virtuais mais populares e que inclusive imitam páginas de bancos, aproveitam-se de falhas de digitação do endereço verdadeiro e coletam dados críticos do usuário, como número de conta corrente, senha e dados do cartão de crédito.	Alto
FTP	*File Transfer Protocol* ou Protocolo de Transferência de Arquivo. Já foi mais popular que hoje. O usuário comum quase não se utiliza do FTP ou quando o utiliza, é [sic] de maneira sutil, como *link* em *homepage*.	Existe a possibilidade de baixar junto com o arquivo desejado vírus e *trojans horses*. Nada que um antivírus atualizado não resolva.	Baixo para o usuário. Alto para as empresas.
E-MAIL	*Eletronic Mail* ou Correio Eletrônico. Troca de mensagens eletrônicas pela Internet com a possibilidade de incluir arquivos anexos e execução de páginas dinâmicas e multimídia.	Com a fusão do navegador com o programa de *e-mail* (o *Outlook* da Microsoft é um exemplo), as mesmas preocupações de quem acessa uma *homepage* deve ter quem usa programas de *e-mail* integrados ao navegador. Os anexos podem conter vírus, *scripts* maliciosos, arquivos com a	Alto

(continua)

Quadro 6.1 Riscos pela conduta antiética no uso da Internet. (*continuação*)

Serviço	Descrição	Perigo	Fator de risco
		verdadeira extensão oculta, *links* para *sites* de conteúdo impróprio ou que executam *scripts* maliciosos. As mensagens podem conter falsas solicitações de senha e informações pessoais, além de boatos (*hoaxes*) /envio não autorizado de propaganda (*spam*).	
P2P	*Pee-to-Peer* ou Ponto a Ponto. Serviço de troca de arquivos pela Internet sem a necessidade de um servidor.	Vírus e outros programas maliciosos podem ser distribuídos embutidos ou sendo o que o usuário procura. Quando o usuário clicar no arquivo para instalar ou descompactar, poderá ter uma desagradável surpresa. Alguns *players* de MP3 executam comandos embutidos nas próprias músicas, como abrir a página de determinado *site*, buscar a capa correspondente ao CD da música que está sendo executada, entre outros. *Hackers*[2] podem inserir códigos maliciosos em arquivos MP3.	Alto
IRC	*Internet Relay Chat* (é o tipo de bate-papo mais antigo da Internet).	O IRC tornou-se um campo de batalha. O iniciante pode ser expulso de um canal, mesmo por quem tenha pouca experiência em *hackerismo*.	Alto
CHAT	Bate-papo.	Os *chats* dos portais são mais seguros. O perigo é confiar demais nas pessoas e passar informações que possam ser mal usadas. É onde alguns crimes do mundo real têm início.	Alto

(*continua*)

---

2   *Hacker* é o indivíduo que tenta acessar sistemas, sem autorização, com o uso de técnicas próprias ou não, a fim de acessar um determinado ambiente para proveito próprio ou de terceiros.

Sugestões para implantação nas empresas de práticas de ética e segurança... 63

Quadro 6.1 Riscos pela conduta antiética no uso da Internet. (*continuação*)

Serviço	Descrição	Perigo	Fator de risco
TROCA DE MENSAGENS INSTANTÂNEAS	São programas que permitem a troca de mensagens e arquivos entre os usuários e abrem portas que podem ser usadas para ataque ou invasão.	Versões antigas de programas de mensagens instantâneas, como o ICQ[3], por exemplo, possuem vulnerabilidades e falhas de segurança que podem se exploradas por *hackers*. Alguns *hackers* conquistam a confiança das suas vítimas trocando arquivos raros e valiosos como músicas em MP3 e programas piratas. Depois enviam cavalos-de-tróia e assumem o controle do computador da vítima.	Baixo para o usuário. Alto para as empresas.

Fonte: Adaptado de Thompson, 2002, p. 51-53.

6.6 Algumas sugestões para manter um computador seguro

De acordo com Thompson (2002, p. 191-193), alguns cuidados devem ser tomados para manter o computador seguro:

- não compartilhar o disco rígido;
- instalar um bom antivírus e mantê-lo atualizado;
- instalar um *Firewall*[4] de confiança;
- criptografar[5] mensagens para garantia de privacidade e segurança;
- não usar pastas óbvias para salvar documentos importantes;
- evitar: meus documentos, *desktop* e outras de nome óbvio na raiz do disco rígido;

---

3 Instrument Control (ICQ) foi o primeiro comunicador instantâneo.
4 *Firewall* é um programa de segurança que monitora as portas do sistema, alertando sobre possíveis tentativas de invasão.
5 Criptografar um texto ou uma mensagem significa torná-la ilegível a quem não possua a chave decodificadora.

- fazer sempre *back-up*[6];
- preferir o *webmail*[7];
- atualizar sempre os *softwares* e não ficar restrito ao antivírus. O sistema operacional, aplicativos do *Office*, o *browser*[8] e o *firewall* pessoal também precisam de atualização permanente;
- usar o bom senso e evitar abrir qualquer conteúdo questionável;
- criar regras de etiqueta para o uso adequado, segundo as características da empresa;
- tomar cuidado com os dados pessoais: não gravá-los em disco rígido ou escrevê-los em papel.

6.7 Princípios éticos a serem considerados

O programa de treinamento de uso adequado da Internet deve estar pautado em princípios éticos, como, por exemplo:

- integrar missão e valores da empresa;
- estabelecer que respeito e justiça devem caracterizar a conduta e a comunicação dirigidas aos integrantes da empresa;
- inserir no código de ética da empresa itens relativos ao uso da Internet;
- garantir a integridade das informações da empresa, mantendo-as com segurança e confiabilidade;
- manter compromisso com os padrões éticos da empresa, que zelam pela sua imagem na transmissão do teor da mensagem;
- respeitar e aderir a toda mudança tecnológica que vise ao bem comum;
- conscientizar o colaborador de que deve ser evitada qualquer prática que venha a ferir os princípios éticos;
- definir comportamentos específicos que devem ser evitados segundo o código de conduta;
- promover o trabalho em equipe para favorecer um ambiente integrado, cooperativo, participativo de aprendizado contínuo.

---

6 *Back-up* significa cópia rotineira de dados para garantir sua recuperação, caso haja perda ou corrompimento de arquivos.
7 *Webmail* são sites que oferecem *e-mail* em páginas de *web*, sem a necessidade de programas especiais.
8 *Browser* significa navegador ou programa de navegação.

Conclusão

Como bem esclareceu a pesquisadora de Harvard, Christin Hokenstad (veja Anexo I), os princípios éticos que as companhias utilizam para uma administração eficaz são perenes, o que muda é o ambiente empresarial no qual a companhia opera. Mudam também as ferramentas que são usadas para a efetiva administração dos negócios nessas novas circunstâncias. É preciso refletir sobre as questões éticas que surgem envolvendo tecnologia nos negócios e trabalhar na procura de soluções, pautados pelos mesmos princípios éticos de sempre.

Impôs-se o estudo da legislação que incide sobre o tema, o que permite fazer uma distinção entre a lei e a ética. A lei decorre de uma imposição externa, enquanto a ética emerge de uma convicção interior. No Capítulo 5, por exemplo, verificou-se que a simples idéia concebida por alguém não lhe garante direito de autoria. Para usufruir desse direito faz-se mister que o autor materialize a sua idéia em determinado suporte físico ou virtual. Quem pretendesse basear-se unicamente na lei poderia, de modo antiético, usurpar a idéia de alguém que a revelou, sem, contudo, tê-la concretizado em um meio físico. A ética vai além da exigência legal. No caso do exemplo, o agente que usurpasse a idéia de outrem e a materializasse em um suporte físico e buscasse a proteção do direito autoral, apropriando-se da autoria da idéia, poderia até obter sucesso, mas estaria sendo antiético. Certamente sua consciência o alertaria sobre a verdade dos fatos e o condenaria por isso.

Conclui-se que Ética e Direito são ciências autônomas, porém não independentes, pois se relacionam intrinsecamente na medida em que a Ética deve permear todas as construções jurídicas e as próprias fontes do Direito.

Este livro baseou-se em revisão bibliográfica e pesquisas em empresas que permitiram que se apresentassem algumas sugestões e contribuições para as organizações. As questões levantadas sobre o uso da tecnologia pelas empresas conduz à constatação de que o fenômeno do uso indiscriminado desta tem-se tornado, muitas vezes, abusivo, violando princípios éticos e ferindo aspectos legais.

Convencidos de que a Internet representa significativo papel como veículo de comunicação, informação e formação, os autores deste trabalho sugeriram às empresas que tratem da comunicação, juntamente com a informação e sua projeção na formação do ser em sua integralidade. É a experiência diária de cada integrante da empresa, dentro do contexto em que se desenvolvem suas atividades, que traz o enriquecimento humano.

O ponto de partida para elaboração de um treinamento ou programa educacional consiste em compreender a cultura da empresa. Conforme Ferrel (2001, p. 98), "cultura da empresa pode ser definida como um conjunto de valores, convicções, metas, normas e maneiras de resolver problemas compartilhados por seus membros (funcionários)". Identificados, esses valores, convicções, metas e normas, estes tornam-se importantes instrumentos para envolver o maior número de pessoas para a elaboração do programa. À medida que o colaborador e os demais integrantes da empresa oferecerem sugestões, sentir-se-ão envolvidos e comprometidos com o programa. Este é um aspecto relevante: quanto mais forem compartilhadas as propostas, tanto mais envolvimento e adesão serão conquistados, abrangendo maior número de integrantes da organização.

A alta administração da empresa deverá estar totalmente compromissada com os programas e projetos de implantação de políticas de bom uso da Internet. Os diretores deverão manifestar coerência entre os princípios defendidos e as atitudes tomadas, proporcionando clima de credibilidade e confiança.

Para auxiliar o colaborador a incorporar os valores adotados pela empresa, esta deverá proporcionar treinamento adequado, reforçando os princípios e critérios por ela escolhidos. Nesse sentido, a ética das virtudes, mencionada nos Capítulos 1 e 3, atende à proposta das Universidades Corporativas. Assim, para incentivar cada vez mais o desenvolvimento de atitudes éticas entre os seus colaboradores, a empresa deve propiciar treinamento que poderá ser desenvolvido mediante a implantação de programas específicos. Desse modo, o surgimento das Universidades Corporativas poderá trazer enorme contribuição.

Conclusão

A Internet é um instrumento que está totalmente incorporado à vida das instituições, e, para garantir o seu uso adequado, são indispensáveis: a ética e a educação, entendida esta última, no ambiente empresarial, como treinamento, cursos de curta duração e até educação continuada, com programas específicos inseridos nas grades das Universidades Corporativas.

À medida que a tecnologia progride no âmbito cibernético, avançam os fraudadores. Surge daí a importância da preservação dos princípios éticos universais. O respeito à dignidade do ser humano e a sua privacidade devem ser considerados, no tocante aos aspectos ligados ao correio eletrônico, que recebe o mesmo tratamento constitucional que preserva a sua inviolabilidade.

A implantação de políticas de ética e segurança da informação contribui para o fortalecimento da imagem da empresa, facilitando a geração de negócios. Empresa ética atrai organizações éticas.

Anexo I

Transcrição da entrevista concedida por Christin Mary Hokenstad

Entrevista concedida por Christin Mary Hokenstad aos autores. Christin, da Universidade de Harvard, é pesquisadora em cidadania corporativa no Brasil. No Brasil trabalhou na Universidade São Paulo e na Fundação Getulio Vargas, em São Paulo.

Conte-nos de onde você vem e qual a sua área de atuação?

(Christin) Estudei religião e economia no Wellesley College. Trabalhei em Consultoria de Alta Tecnologia para Ernst & Young nos anos 90 e voltei para Costa Leste a fim de estudar Ética nos Negócios, na Universidade de Harvard. Durante os meus estudos de mestrado em Teologia, investiguei a disparidade global no acesso à tecnologia, como também o potencial da Internet para promover a democratização.

Porque escolheu o Brasil para sua área de pesquisa?

(Christin) Estou trabalhando no Brasil sob a orientação do professor Sanjeev Khagram, da Escola do Governo Harvard Kennedy, pesquisando sobre cidadania corporativa em bancos, empresas de mineração e indústria automobilística. Trata-se de um estudo comparativo entre a Índia, a África do Sul, a Tailândia e o Brasil.

Os Estados Unidos também têm sido um ponto de referência no estudo. Assim, o conhecimento que adquiri na área de Ética e Tecnologia advém do meu trabalho como profissional no setor privado, da condução de pesquisas acadêmicas e de entrevistas com os mais altos executivos da área de ética e responsabilidade social das organizações americanas.

Você poderia nos contar se há demanda por orientações sobre a implantação nas empresas americanas de políticas de ética no uso da Internet?

(Christin) Apropriação de identidade, direitos de privacidade de clientes e empregados, acesso e discriminações na distribuição da tecnologia dentro da sociedade, plágio e quebra de acordos virtuais... tudo isso revela os problemas da era tecnológica que nossos dias enfrentam. Todas essas questões são dilemas éticos.

Se tivesse que dar uma aula para executivos que pretendam implantar políticas de uso da Internet, que orientações você daria? Há diferença entre as políticas de uso de Internet e políticas de ética no uso da Internet? Qual essa diferença?

(Christin) Os princípios éticos que as companhias utilizam para uma administração eficaz são perenes: a política e o bem-estar social dos empregados, a segurança e satisfação dos fornecedores e clientes, bem como a exploração adequada dos investimentos dos acionistas, além do eficiente e respeitoso uso dos recursos. Contudo, o que mudou foi o ambiente empresarial no qual a companhia opera. Mudaram, também, as ferramentas que são usadas para a efetiva administração dos negócios nessas novas circunstâncias. Temos de nos debruçar sobre as questões éticas que surgem envolvendo tecnologia nos negócios e trabalhar na procura de soluções, pautados pelos mesmos princípios éticos de sempre.

Como é tratada pela empresa americana a questão do plágio e da violação do sigilo, do uso de correio eletrônico, da livre navegação pela Internet, da privacidade?

(Christin) O ambiente no qual a ética se manifesta mudou. Substituímos o contato pessoal, o discernimento humano, o atendimento personalizado por tecnologias que nos permitem economizar tempo e dinheiro. Hoje os clientes adquirem os produtos, com segurança, sem sair de suas casas, sem qualquer contato com a empresa ou vendedores. Mas será que é seguro mesmo? O crime mais denunciado ao FBI no ano de 2003 foi apropriação de identidade. A maioria dos roubos de identidade ocorreu mediante o uso constante da Internet. Outras mudanças incluem os acordos entre as partes, que são entabulados prescindindo dos encontros presenciais, face a face. Os longos apertos de mãos foram substituídos pelas videoconferências, sem assinaturas. E para garantir a segurança, os empregados das empresas permanecem sob constante vigilância. Câmeras escondidas gravam nossas vidas pessoais e profissionais sem o nosso conhecimento ou consentimento. Priorizamos a eficiência em detrimento de nossas relações pessoais e, algumas vezes, do respeito mútuo.

Então, como responder a estes instigantes problemas tecnológicos? Retornando ao básico... retornando à ética. Executivos e administradores necessitam apenas retornar aos códigos de ética de suas empresas, freqüentemente escritos bem antes da onda da Internet e dos dispositivos de vigilância. Essa medida resgatará o delicado equilíbrio que deve existir entre respeito, segurança, eficiência e lucro.

Os princípios desses códigos não precisam ser alterados. O que precisa ser revista é a forma como esses princípios devem ser aplicados nesse ambiente de avançada tecnologia. O equilíbrio está ausente e alguns ajustes são necessários. Hoje é recomendado e freqüentemente exigido pelas empresas que todas as mensagens eletrônicas pessoais dos empregados sejam enviadas para seus endereços eletrônicos pessoais e lidas durante intervalos ou fora do ambiente de trabalho.

Os ativistas de direitos civis estão pressionando as companhias a fim de que estas informem seus empregados quando eles estão sob vigilância. Como muitos alegam, é uma questão de respeito e um direito. Além disso, os códigos de ética nos lembram que o plágio, por exemplo, seja de livros, seja de informações extraídas da *website*, ainda é considerado fraude. As companhias estão exigindo que seus empregados citem suas fontes de informação e tratam violações com o rigor exigido. Em alguns casos, a tecnologia está sendo desenvolvida para responder a problemas, como assinaturas virtuais que protegem e conferem autoridade ao acordo entre as partes. Todavia o grau de confiabilidade e acessibilidade é ainda bastante limitado.

Como as empresas americanas lidam com uma tecnologia que se moderniza a cada dia?

(Christin) Esses desafios éticos e esses percalços devem ser vistos como um lembrete de que, em nosso mundo de mudanças constantes, a ética e os nossos princípios precisam ser, com freqüência, relidos e revalidados e constantemente reaplicados, de modo que continuem sendo relevantes em nossas vidas, supram as nossas necessidades e acompanhem as constantes inovações da mente humana.

Anexo II

Características das empresas pesquisadas

Bandeirante Energia	
Endereço	Rua Bandeira Paulista, 530 - São Paulo
Objeto social	Distribuição de energia
Capital ou faturamento	Multinacional de origem portuguesa R$ 2,5 bilhões em 2004
Número de colaboradores	1.200 em 2004
Diebold Procomp	
Endereço	Av. Dr. Gastão Vidigal, 2001 - São Paulo
Objeto social	É a principal fornecedora de produtos para automação bancária no País, com 60% de market share. Além de fabricante, a Diebold Procomp também atua como integradora e fornece serviços como *outsourcing*, segurança, infra-estrutura e suporte técnico.
Capital social ou faturamento	Multinacional americana. Em outubro de 1999, a Diebold Inc, adquiriu 100% das ações da Procomp. Faturou R$ 926 milhões em 2004
Número de colaboradores	3.400

(continua)

(continuação)

DPaschoal	
Endereço	Av. Anton Von Zuben, 2.155, Jardim São José, São Paulo
Objeto social	Rede de serviços automotivos e revenda de pneus
Capital ou faturamento	R$ 1,4 bilhão em 2004
Investidores	Família DPaschoal, ex- funcionários e funcionários
Número de colaboradores	4.000 no grupo, distribuídos em várias unidades no Brasil
Grupo Accor	
Endereço	Alameda Tocantins, 125 (20° a 23° andar) Barueri – São Paulo
Objeto social	Hotelaria, turismo e serviços
Faturamento	R$ 6,9 bilhões em 2004
Acionistas	No Brasil está associado às grandes corporações mundiais: Accor, Brascan, Espírito Santo, Compass, Top Atlântico e Veolia Environnement.
Número de colaboradores	30.000
Clientes	60.000 empresas clientes e 5 milhões de usuários
Sandvik do Brasil S/A Indústria e Comércio	
Endereço	Avenida das Nações Unidas, 21.732 - São Paulo
Objeto social	Indústria metalúrgica
Capital social	Multinacional de origem sueca
Número de colaboradores	600 funcionários

Resultados da pesquisa

BANDEIRANTE ENERGIA	DIEBOLD PROCOMP	DPASCHOAL	GRUPO ACCOR	SANDVIK DO BRASIL
1. Qual o grau de envolvimento da empresa com a tecnologia?				
A Bandeirante Energia tem investido maciçamente em tecnologia desde 2000, com a implantação do sistema SAP/R3, que hoje permeia todos os processos empresariais como comercialização de energia, suprimentos, RH, Engenharia, Financeira, Contabilidade, Orçamento.	A Diebold Procomp é reconhecida por seus clientes, fornecedores e funcionários como uma empresa exemplo na utilização da tecnologia. Por três vezes já recebeu da revista Exame o prêmio de Melhores e Maiores no setor de Tecnologia e Computação. Internamente, a área de TI investe maciçamente no aperfeiçoamento de seus sistemas por considerá-los estratégicos para a melhoria de seus processos.	Total. Cada funcionário da empresa possui seu computador. As lojas têm acesso à Intranet. A empresa contratou recentemente um analista de informática para administrar o uso adequado das ferramentas, segundo critérios que contemplem práticas éticas.	A empresa tem seus negócios e produtos totalmente embasados em tecnologia. A dependência da tecnologia é muito grande, pois é uma empresa de cartões, *voucher* e serviços. Atua com *e-business*, Internet, *call-center* e CRM (automação de fluxo de negócios-plataforma *ORACLE*).	Total envolvimento e gerenciamento da área de TI (Tecnologia da Informação) em todas as áreas.

76 Ética e Internet: Uma Contribuição para as Empresas

2. É possível distinguir o uso da tecnologia para o desenvolvimento do trabalho da empresa dos trabalhos particulares dos colaboradores?

BANDEIRANTE ENERGIA	DIEBOLD PROCOMP	DPASCHOAL	GRUPO ACCOR	SANDVIK DO BRASIL
Não. Mas, dentro das políticas de uso de recursos de informática, a utilização para fins particulares é permitida desde que não seja usada de maneira que prejudique o desempenho de suas atividades ou vá contra as diretrizes do código de ética. Todo o ambiente de trabalho é comunitário, pois não possuímos salas (exceto para os gerentes) e as impressoras, como o xérox, ficam em local público em cada andar.	Sim. A política da empresa impede o uso do computador para fins particulares. A empresa deixa claro que a tecnologia é destinada ao uso corporativo. Entretanto, há certa flexibilidade e, sobretudo, bom senso na aplicação dessa política.	Evita-se o uso não profissional dos instrumentos. As pessoas são orientadas para usar os equipamentos preferencialmente para trabalhos da empresa. Sem permissão explícita, tolera-se o uso dos instrumentos durante o horário de almoço, ou antes e depois do expediente, para fins particulares.	Sim, especialmente para ferramentas de automação de escritório, como *e-mails*, acesso à Internet, editores de textos e similares. Já há ferramentas para realizar essa segregação e a empresa está trabalhando para implementar ferramentas mais modernas e eficientes.	Não. As pessoas são orientadas a fazer uso da tecnologia exclusivamente para trabalhos profissionais. Os usos inadequados são passíveis de penalidades legais.

3. A empresa adota políticas de uso da Internet?

BANDEIRANTE ENERGIA	DIEBOLD PROCOMP	DPASCHOAL	GRUPO ACCOR	SANDVIK DO BRASIL
Sim, há várias normas que tratam das políticas do uso da Internet, e-mail, hardware e *software*, como também da segurança da informação (classificação da informação e tratamento, políticas de senha de acesso). Todas essas normas estão amarradas com o código de ética e com o contrato de trabalho.	Sim. As políticas da área de Tecnologia de Informação foram implantadas há três anos. Cada funcionário as recebeu e formalizou o seu recebimento, mediante recibo.	Adota o princípio da confiabilidade, partindo do princípio da boa-fé. Essa política visa à proteção da informação, ao resguardo da integridade da empresa e ao bem comum. Cada funcionário assina um termo de compromisso de utilização de recursos de informática, comprometendo-se a seguir as normas da empresa no que se refere ao uso dos recursos da informática.	Sim. As políticas de segurança foram criadas recentemente e os colaboradores receberam e assinaram-nas, comprometendo-se a cumpri-las. Faz parte da campanha de divulgação dessas políticas o lançamento de cartazes, que têm por objetivo conscientizar os colaboradores. Os cartazes contêm um cadeado no formato de um rosto sorridente e algumas chaves. Ostentam os seguintes dizeres: . "A Empresa não é padre, mas aconselha você a não abrir e-mails impróprios"; . "A Empresa não é contra a liberdade de expressão, mas exige que você não divulgue a sua senha"; . "A empresa não é o Ministério da Saúde, mas adverte: não compartilhe certos documentos"; . "A Empresa não é sua mãe, mas quer que você mantenha sua mesa sempre limpa" (este último caso visa à preservação do sigilo).	Sim. Foi criado um termo (aditivo do contrato de trabalho) em que os funcionários se comprometem a utilizar os recursos de informática de maneira adequada, comprometendo-se a seguir as normas da empresa.

BANDEIRANTE ENERGIA	DIEBOLD PROCOMP	DPASCHOAL	GRUPO ACCOR	SANDVIK DO BRASIL
4. Qual foi a reação dos colaboradores ao receberem a informação de que seriam implantadas políticas nessa área?				
A empresa, quando da implantação de seu código de ética, conduziu um processo de conscientização a todos os seus colaboradores, principalmente sobre o assunto Internet, *e-mail* e uso de *software* e *hardware*, pois era um dos mais polêmicos na época. Essa discussão contribuiu para o entendimento das razões pelas quais a empresa estaria tomando ações de restrição e controle dessas atividades. A participação dos colaboradores foi muito importante para o direcionamento e esclarecimento das dúvidas, ficando a impressão de que a adesão dessas diretrizes era quase um consenso.	Na época de sua implantação, houve alguns questionamentos que a empresa considerou bastante salutar, ajudando os gestores a dirimir todas as dúvidas. Hoje a política está muito bem assimilada.	Não houve nenhuma reação significativa porque os colaboradores foram conscientizados das políticas do uso da Internet e sua finalidade.	As políticas foram lançadas junto com carta do Presidente, que endossou as diretrizes e as normas gerais. Foi criado um *e-mail* para receber críticas e sugestões dos colaboradores. A maioria deles acatou.	Não houve nenhum comentário negativo no que diz respeito à implantação da política.

BANDEIRANTE ENERGIA	DIEBOLD PROCOMP	DPASCHOAL	GRUPO ACCOR	SANDVIK DO BRASIL
\multicolumn{5}{l}{5. Houve alteração de comportamento dos colaboradores depois de ser implantada a política de uso da Internet?}				
Com certeza muitos entenderam que a utilização desses instrumentos dentro de um ambiente corporativo tinha de ser orientada e controlada a fim de evitar abusos, o que poderia comprometer a imagem da empresa perante clientes e fornecedores. Essa certeza deve-se ao fato de termos diminuído muito o número de ocorrências de utilização indevida da Internet. Isso novamente vem sendo reforçado quando dos treinamentos empresariais que tocam especificamente nesses pontos e no código de ética.	As políticas de tecnologia da informação são mais abrangentes do que apenas o uso da Internet. Os resultados de sua implantação foram positivos, pois as pessoas foram encorajadas a usar corretamente as ferramentas disponíveis. Houve, por exemplo, diminuição de uso de *e-mails* para fins particulares.	Com a conscientização e a adesão ao termo de compromisso, os colaboradores sentiram-se comprometidos com a política adotada pela empresa.	Ainda não houve uma medição oficial para apuração dessa mudança, pois o lançamento ocorreu recentemente. Entretanto, percebe-se que os que estavam habituados a emprestar senha ou acessar *sites* impróprios estão mais conscientes, passando a evitar essas práticas. As regras foram impostas de cima para baixo. Toda a liderança da empresa está envolvida e comprometida para fazer com que essa política seja cumprida.	Sim. Conscientização dos funcionários em atender à política.

BANDEIRANTE ENERGIA	DIEBOLD PROCOMP	DPASCHOAL	GRUPO ACCOR	SANDVIK DO BRASIL
6. Como se processam as comunicações internas? Existe hierarquia? Há grupos de e-mails para recebimento de mensagens específicas?				
As informações são arquivadas nos servidores que possuem controle de acesso por hierarquia organizacional. As comunicações são feitas essencialmente por e-mail obedecendo a essa hierarquia. Além disso, existem grupos de e-mail por área funcional, projetos, hierarquia, empresas.	As comunicações internas são feitas por e-mails e comunicados formais, que são colocados em quadros de avisos. Além desses meios, a empresa dispõe de um jornal eletrônico quinzenal em que são destacados os principais acontecimentos. A empresa incentiva a comunicação, e existem grupos de e-mails para assuntos específicos que facilitam a distribuição.	Há grupos de e-mails de determinados usuários: gerência, Contabilidade, área de Compras, Recursos Humanos e outros. Quando o funcionário é contratado é criada uma caixa postal personalizada, sendo definido pela chefia os tipos de sites e e-mails internos que podem ser acessados. A todos é permitido o acesso a sites de bancos dos quais são clientes.	Atualmente todos podem se comunicar por e-mail. Estamos trabalhando para a implantação de regras nesse sentido, a fim de estabelecer uma hierarquia e ordem no envio de mensagens.	Utiliza-se a Intranet na maioria dos casos ou os grupos de usuários no correio eletrônico.

BANDEIRANTE ENERGIA	DIEBOLD PROCOMP	DPASCHOAL	GRUPO ACCOR	SANDVIK DO BRASIL
7. As caixas postais são pessoais? Os usuários se responsabilizam pelo conteúdo das mensagens enviadas a partir de seu endereço eletrônico?				
Sim. As caixas postais são pessoais, mas para uso no desempenho de atividades profissionais tanto para os colaboradores como também para os consultores e estagiários. A maioria dos *e-mails* da empresa só pode ser utilizada internamente, sem a possibilidade de envio externo. O uso para fins particulares é aceito dentro de alguns princípios estipulados em norma. Para alguns casos, o *e-mail* pode ser criado para um grupo de colaboradores a fim de ser canalizado a uma determinada atividade.	Sim. Noventa e nove por cento (99%) das caixas postais são pessoais. Está previsto na política da empresa que cada funcionário se responsabilizará pelo conteúdo de suas mensagens.	Sim. São pessoais e os funcionários responsabilizam-se pelo seu conteúdo. Há limites estabelecidos para o armazenamento de mensagens. Mensagens com mais de noventa dias são automaticamente excluídas. Assim, o funcionário é orientado a salvar o que for necessário em arquivo próprio.	Sim. São pessoais e os colaboradores estão conscientes dessa responsabilidade, pois, ao utilizarem o *e-mail* corporativo, eles também representam a empresa.	Sim. São pessoais e as senhas restritas a cada funcionário. Cada um é responsável pelo conteúdo e há um limite estabelecido para o armazenamento, controlado informalmente.

8. Pensando na imagem da empresa junto aos seus clientes e fornecedores, existe algum tipo de treinamento que vise a melhorar a escrita de seus colaboradores?

BANDEIRANTE ENERGIA	DIEBOLD PROCOMP	DPASCHOAL	GRUPO ACCOR	SANDVIK DO BRASIL
Apesar de haver a preocupação com a comunicação junto aos clientes e fornecedores, não foram identificados até o momento problemas com o nível dessa comunicação. As comunicações institucionais são preparadas pela área de Comunicação da empresa. As diversas comunicações aos clientes e fornecedores são encaminhadas pelas áreas gestoras das atividades.	Não existe ainda a institucionalização de um treinamento para essa finalidade. Recentemente houve um treinamento específico para a área de contratos, visando melhorar a redação.	Embora haja uma preocupação com a imagem institucional da empresa, por enquanto não há treinamento específico, mas é uma meta da empresa a implantação de treinamento educacional que vise à melhoria da escrita.	Não há treinamento nesse sentido para os colaboradores em geral. O departamento de Marketing e Assessoria de Imprensa está incumbido de examinar todas as informações que são divulgadas para a imprensa e para o grande público. Nesse aspecto, são rigorosos com a correção da redação.	Não. Porém estuda-se a possibilidade de treinamento que vise à melhoria na escrita e também à objetividade dos *e-mails*.

Anexo II 83

BANDEIRANTE ENERGIA	DIEBOLD PROCOMP	DPASCHOAL	GRUPO ACCOR	SANDVIK DO BRASIL
\9. Como se previne o risco de disseminação de vírus na Internet?				
A empresa possui uma política forte em relação aos equipamentos da rede que fazem conexão com a Internet. Para prevenir esses riscos, a empresa adotou nos servidores de *e-mail* e no *firewall software* de antivírus e *spam* que mantêm atualizados todos os equipamentos ligados à rede. Isso tem garantido proteção à rede contra a invasão de vírus (neste último ano nenhum serviço foi paralisado por problemas de vírus). Atualmente são preparados alguns comunicados explicando as melhores práticas para evitar contaminações por vírus.	Ciente dos altos riscos que os vírus impõem à empresa, aos seus clientes e aos fornecedores, a empresa tem investido muito esforço no sentido de eliminar esse grave problema. Sucintamente pode-se dizer que há um *firewall* corporativo, antivírus local em todas as estações de trabalho e um eficiente anti-spam. Servidores garantem a atualização desses programas.	São adotados todos os tipos de programas antivírus, que são constantemente atualizados. Há provedor específico que barra a entrada de conteúdos perigosos.	Com ferramentas antivírus. A Accor dispõe de um padrão mundial específico para essas ferramentas. São monitorados as entradas para Internet e todos os *e-mails*. Há um procedimento de atualização permanente dos antivírus.	A empresa possui forte investimento na área de segurança e, além disso, existem divulgações contínuas de melhores práticas. Para a implantação do conceito de *standard* PC, em que a distribuição de *softwares*, atualização de *patchs* e antivírus são automáticas, pela rede, utiliza-se o Microsoft SMS.

BANDEIRANTE ENERGIA	DIEBOLD PROCOMP	DPASCHOAL	GRUPO ACCOR	SANDVIK DO BRASIL
10. Tem havido punição em virtude de desvio de conduta no emprego da tecnologia?				
Se forem considerados todos os casos desde a implantação dessas diretrizes, pode-se dizer que, após uma investigação, a constatação de desvio de conduta foi punida conforme seu grau de risco. Mas, nos últimos dois anos, não houve mais nenhum caso de punição por esses motivos, o que vem corroborar o alinhamento dos colaboradores com as diretrizes éticas e específicas para o assunto.	São raros os casos e uma simples advertência tem se mostrado suficiente. As punições estão previstas na política da empresa.	Punição oficial não tem havido, porque não se detectou falta grave. Entretanto, quando ocorre infração, instala-se um instrumento para bloquear essa ação. A chefia é informada do fato.	Ainda não, porque as políticas acabaram de ser implantadas e os colaboradores estão em fase de conscientização.	Sim. Há advertência por escrito.

11. A empresa tem se preocupado com o treinamento de seus empregados do ponto de vista ético e não apenas técnico?

BANDEIRANTE ENERGIA	DIEBOLD PROCOMP	DPASCHOAL	GRUPO ACCOR	SANDVIK DO BRASIL
Sim. Dentro de alguns módulos de treinamento empresarial e de gestão de pessoas, o assunto ético é abordado especificamente, conduzindo os colaboradores a várias reflexões.	O aspecto ético está de algum modo inserido no Programa DBIS (Diebold Business Improvement Systems) adotado pela empresa para todos os empregados.	Ainda que não haja legislação específica sobre a matéria, proporciona-se treinamento a fim de que os colaboradores atuem segundo o senso ético.	Sim. A empresa possui Código de Ética. Há uma academia que cuida da Educação Corporativa e se incumbe dos treinamentos. Esse Código de Ética é uma derivação do Código de Ética padrão para todas as empresas do grupo.	Sim. A empresa possui o Código de Conduta que foi transmitido a todos os funcionários através de uma palestra com duração de duas horas e, também, treinamento de oito horas para todos os gestores.

BANDEIRANTE ENERGIA	DIEBOLD PROCOMP	DPASCHOAL	GRUPO ACCOR	SANDVIK DO BRASIL
12. Há definição sobre a propriedade da informação (conteúdo técnico e intelectual) gerada ou transitada pelos equipamentos da empresa?				
Sim. Tanto no código de ética como nas normas sobre segurança da informação, as metodologias, sistemas e processos que forem desenvolvidos para atender às necessidades da empresa são de propriedade desta e devem ser protegidos de divulgação não autorizada. Para tanto, a participação dos colaboradores em simpósios, congressos e treinamentos como palestrantes deve passar por um comitê que avaliará essas informações e aprovará ou não sua participação.	Não há nada específico sobre esse assunto nas políticas da empresa. Cada funcionário tem consciência da importância dos conteúdos que ele produz.	Os funcionários têm ciência de que os conteúdos, inclusive os por eles produzidos, são de propriedade da empresa e, mais, de que todo o conteúdo de seus arquivos será monitorado.	No termo assinado pelo colaborador está definido que toda a sua produção intelectual será de propriedade da empresa e não poderá ser divulgada para terceiros.	Não.

BANDEIRANTE ENERGIA	DIEBOLD PROCOMP	DPASCHOAL	GRUPO ACCOR	SANDVIK DO BRASIL
13. Como é feita a manutenção do sigilo dos dados contidos nos bancos de dados da empresa?				
Todos os acessos aos dados de clientes são feitos através de sistema computadorizado, que possui perfis de acesso para garantir que somente o grupo de colaboradores relacionados à atividade possa acessar essas informações. Esses perfis são avaliados rotineiramente pela área de auditoria interna a fim de se detectar pontos de melhoria. Para as informações da rede, há, além do acesso através de senha segura, uma área específica para informações críticas que é gerida detalhadamente.	Mediante restrição de acessos. As bases de dados são acessadas pelas pessoas autorizadas das respectivas áreas, segundo o interesse e a necessidade do trabalho que desenvolvem.	Somente pessoas que ocupam cargos de confiança têm acesso permitido a conteúdos estratégicos.	Cada banco de dados tem a sua tecnologia e característica própria. Do ponto de vista tecnológico, são implementadas e parametrizadas todas as opções de segurança para a proteção do banco de dados. Do ponto de vista do usuário, está sendo desenvolvido um trabalho para que seja atribuído, a cada um deles, a responsabilidade sobre todas as informações que estão sob sua guarda ou sob a guarda de seu departamento. Cada usuário terá de zelar pela integridade, confidencialidade e qualidade das informações correspondentes à sua área de atuação.	Acesso restrito de acordo com a função de cada um. Criptografias.

BANDEIRANTE ENERGIA	DIEBOLD PROCOMP	DPASCHOAL	GRUPO ACCOR	SANDVIK DO BRASIL
14. Além do sigilo profissional que deve ser guardado pelos colaboradores, como se processa o sigilo interno entre os colaboradores e a chefia. Por exemplo, há leitura de mensagens enviadas e recebidas pelos colaboradores?				
Não. As mensagens das caixas postais não são lidas em seu conteúdo por nenhuma pessoa. Utilizamos *software* para controle de anexos. Só existe uma possibilidade de ser lida uma caixa postal: quando o colaborador está sob investigação administrativa que será realizada pela auditoria interna com o consentimento da diretoria e do colaborador.	Os funcionários são informados de que existe a possibilidade do monitoramento dos *e-mails*, não sendo, porém, uma prática comum. A empresa somente exercerá esse direito se houver uma forte razão que justifique.	Tecnicamente será possível à chefia ver os *e-mails*, contudo preserva-se o sigilo destes. Se necessária uma investigação, os administradores de informática poderão fornecer dados para as chefias. Alguns arquivos são compartilhados por determinados colaboradores. Essa medida não apenas facilita o trabalho mas também inibe a possibilidade de inserirem arquivos indesejáveis.	Não há monitoração no conteúdo de mensagens, mas há registro de *log* (informações básicas de envio e recebimento, tais como destinatário, data e hora de todas as transações eletrônicas efetuadas).	Não. A caixa postal é pessoal e não são verificados conteúdos.

15. Com o objetivo de tornar a comunicação por *e-mail* mais eficaz, algumas empresas adotam regras de etiqueta. A empresa possui alguma regra para essa ação?

BANDEIRANTE ENERGIA	DIEBOLD PROCOMP	DPASCHOAL	GRUPO ACCOR	SANDVIK DO BRASIL
Sim. Na norma de utilização de recursos de informática existem algumas regras para esse fim, mas não esgotam o assunto.	Até o momento ainda não foram adotadas regras formais ou ministrado treinamento nesse sentido.	Não.	Não. Há dicas sugeridas em publicações internas que de alguma maneira servem para orientação dos usuários.	Há publicações na Intranet informando melhores práticas e *workshops* constantes de conscientização.

BANDEIRANTE ENERGIA	DIEBOLD PROCOMP	DPASCHOAL	GRUPO ACCOR	SANDVIK DO BRASIL
16. Sabendo que a responsabilidade de todos é zelar pela segurança da informação, como a empresa entende o aceite firmado em determinados documentos por e-mail?				
A empresa adota internamente o *e-mail* como documento oficial, mas para contatos externos ainda são emitidos documentos em papel.	Para contratos ou acordos de pequeno valor são admissíveis os aceites por *e-mail*. Porém, para contratos cujo valor é mais significativo, exige-se a assinatura das partes em documento impresso.	A empresa está ciente de que não existe respaldo legal para o documento firmado pela Internet. Entretanto, para contratos de pequeno valor entre fornecedor e consumidor, é usado sem problemas. Quando o contrato é mais relevante usa-se *fax* ou outro envio tradicional para garantir a inserção de assinaturas das partes contratantes.	A ferramenta do aceite consome muitos recursos tecnológicos e, em razão disso, é restrita a alguns tipos de comunicação muito específicos.	Não informado.

17. A empresa mantém intercâmbio de informações de segurança com outras empresas?

BANDEIRANTE ENERGIA	DIEBOLD PROCOMP	DPASCHOAL	GRUPO ACCOR	SANDVIK DO BRASIL
Fazemos o intercâmbio com empresas de segurança e tecnologia, além da participação em eventos sobre o assunto.	Funcionários da área de TI participam de grupos de segurança na área tecnológica. Entre as várias divisões da empresa no mundo existe uma constante troca de informações sobre esse assunto.	Sim, até mesmo contratando consultorias especializadas no assunto. A empresa contratou recentemente um profissional especializado para administrar o uso adequado das ferramentas de informática. Além disso, conta com o auxílio de um *help desk*.	Existem eventos e grupos de gestores de segurança, dos quais a empresa participa. A Accor também faz parte de grupos de distribuição de mensagens de segurança associados a *sites* mundiais como, por exemplo, o CIRT.	A área de segurança é bastante forte. É mantido constante contato com a matriz. Localmente todos participam de eventos voltados ao tema.

BANDEIRANTE ENERGIA	DIEBOLD PROCOMP	DPASCHOAL	GRUPO ACCOR	SANDVIK DO BRASIL
18. Existe alguma política de fiscalização junto ao provedor quanto ao acesso a *sites* inadequados?				
Sim. É feito o controle de acesso à Internet através de *software* específico que garante o bloqueio a *sites* indevidos. Todo esse procedimento está incorporado nas normas sobre o assunto.	Todo controle de acesso é feito internamente pela empresa. Na prática cria-se histórico de todos os acessos, de modo que seja permitido mapeamento deles, se houver necessidade.	A empresa dispõe de provedor próprio, fazendo conexão direta com a Embratel.	Sim. A empresa tem seu próprio provedor. Existem ferramentas ativas de filtragem de acessos a conteúdos impróprios da Internet. A empresa está atenta à evolução da tecnologia, mantendo estudos sobre possível implementação de ferramentas mais modernas.	Sim, através da matriz.

Referências Bibliográficas

AGUILAR, Francis J. *A ética nas empresas*. Tradução de Ruy Jungman. Rio de Janeiro: Jorge Zahar, 1996.

ARISTÓTELES. *Ética a Nicômaco*. Tradução de Leonel Vallandro e Gerd Bornheim. São Paulo: Abril Cultural, 1973. (Os Pensadores).

ARRUDA, Antonio. O conhecimento dos funcionários vale ouro. *Folha de S. Paulo*, São Paulo, 30 maio 2002, Folha Equilíbrio, p. 6.

ARRUDA, Maria Cecilia Coutinho de; WHITAKER, Maria do Carmo; RAMOS, José Maria Rodriguez. *Fundamentos de ética empresarial e econômica*. São Paulo: Atlas, 2001.

BRASIL. Código Penal Brasileiro, criado pelo Decreto-lei nº 2.848, de 7 de dezembro de 1940. *Diário Oficial [da] União*, Brasília, DF, 31 dez. 1940, p. 23911, retificação no de 3 nov. 1941, p. 6, coluna 2.

BRASIL. Constituição (1988). *Constituição da República Federativa do Brasil*. Organização de Juarez de Oliveira Constituição. 3. ed. São Paulo: Saraiva, 1989.

CENEVIVA, Walter. *Segredos profissionais*. São Paulo: Malheiros Editores, 1996.

CIFUENTES, Carlos Llano. *Dilemas éticos de la empresa contemporánea*. México, DF: Fondo de Cultura Económica, 1997.

DE CUPIS, Adriano. *I diritti della personalità*. Milão: Dott. A. Giuffrè, 1950.

DE GEORGE, Richard T. *Business ethics*. 4th ed. Englewood Cliffs, New Jersey: Prentice Hall, 1995.

ELEGIDO, M. Juan. *Fundamentos de ética de empresa*: la perspectiva de un país en desarrollo. México, DF: Sociedad Panamerica de Estudios Empresariales (IPADE), 1998.

EPICURO. Tradução e notas de Agostinho da Silva. São Paulo: Abril Cultural, 1973. v. V. (Os Pensadores).

FERREL, O. C.; FRAEDDRICH, John; FERREL, Linda. *Ética empresarial:* dilemas, tomadas de decisão e casos. 4. ed. Tradução de Ruy Jungmann. Rio de Janeiro: Reichmann & Affonso Editores, 2001.

FONTRODONA, Joan Felip; PARRA, Manuel Guillén; SEDANO, Alfredo Rodríguez. *La ética que necesita la empresa.* Madrid: Unión Editorial, 1998.

FRANÇA, Rubens Limongi (Coord.). *Enciclopédia Saraiva de Direito.* São Paulo: Saraiva, 1977. Edição comemorativa do Sesquicentenário da Fundação dos Cursos Jurídicos no Brasil. 1827-1977. v. 46.

GRANDE ENCICLOPÉDIA LAROUSSE CULTURAL. São Paulo: Nova Cultural, 1995/ Larousse, 1998. v. 7, 10, 17, 19, 21.

JAEGER, Werner. *Paidéia*: a formação do homem grego. São Paulo: Herder, 1936.

JARDIM NETO, José Gomes. Os produtos digitais vendidos na internet e o ICMS. In: SCHOUERI, Luís Eduardo (Org.). *Internet*: o direito na era virtual. 2. ed. Rio de Janeiro: Forense, 2001.

LALANDE, André. *Vocabulário técnico e crítico da filosofia.* São Paulo: Martins Fontes, 1999.

MORIN, Edgar. *Os sete saberes necessários à educação do futuro.* 6. ed. São Paulo: Cortez, 2002.

MORRIS, Tom. *A nova alma do negócio*: como a filosofia pode melhorar a produtividade de sua empresa. 7. ed. Rio de Janeiro: Campus, 1998.

PAINE, Lynn Sharp. *Value shift*: why companies must merge social and financial imperatives to achieve superior performance. New York: McGraw-Hill, 2003.

QUEIROZ, Regis Magalhães Soares de; LUCCA, Newton de; SIMÃO FILHO, Adalberto (Orgs.). *Direito e internet*: aspectos jurídicos relevantes. São Paulo: Edipro, 2000.

RAMOS, José Maria Rodriguez; WHITAKER, Maria do Carmo. A ética e as linhas mestras do código das melhores práticas de governança corporativa do IBGC. In: CONGRESSO DE ÉTICA E GOVERNANÇA CORPORATIVA, 2003, São Paulo. *Anais do Congresso de Ética e Governança Corporativa.* São Paulo: Fundação Getulio Vargas, 2003. CD editado pela Escola de Administração de Empresas de São Paulo (EAESP).

RAMOS, José Maria Rodriguez. Globalização e ética. *Interprensa*, ano VII, n. 71, ago. 2003.

ROQUE, Maria José Oliveira Lima. *Sigilo bancário e direito à intimidade.* Curitiba: Juruá, 2001.

SANTOS, Manoel J. Pereira dos. O direito autoral na internet. In: GRECO, Marco Aurélio; MARTINS, Ives Gandra da Silva (Coords.). *Direito e internet*: relações jurídicas na sociedade informatizada. São Paulo, Revista dos Tribunais, 2001.

SÊNECA. Tradução e notas de Giulio Davide Leoni. São Paulo: Abril Cultural, 1973. v. V. (Os Pensadores).

SILVA, Marcos. *Sala de aula interativa*. 2. ed. Rio de Janeiro: Quartet, 2001.

SOLOMON, Robert C. *A melhor maneira de fazer negócios*: como a integridade pessoal leva ao sucesso corporativo. Tradução de Alípio Correa de Franca Neto. São Paulo: Negócio Editora, 2000.

SROUR, Robert Henry. *Poder, cultura e ética nas organizações*. 9. ed. Rio de Janeiro: Campus, 1998.

THOMPSON, Marco Aurélio. *Proteção e segurança na internet*. São Paulo: Érica, 2002.

WEBER, Max. *Ciência e política*. Tradução de Leônidas Hegenberg e Octany Silveira da Mota. 2. ed. São Paulo: Cultrix, 1972.

WHITAKER, Maria do Carmo. Proteção à intimidade. *Revista Conjuntura Econômica*, Rio de Janeiro: FGV, v. 55, jun. 2001.

_____. 2002(a) A ética na comunicação empresarial. In: CONGRESSO LATINO-AMERICANO DE ÉTICA, NEGÓCIOS E ECONOMIA, 5., 2002, Cidade do México. *Anais...* Cidade do México: Ipade, 2002.

_____. 2002(b) Sigilo en la empresa. In: La ética en la gestión pública y privada: fortalezas y debilidades. Buenos Aires: Temas Grupo Editorial SRL, 2002.

Webgrafia

ABEMD – Associação Brasileira de Marketing Direto. *Código de ética antispam e melhores práticas de uso de mensagens eletrônicas*. Disponível em: <www.brasilantispam.org/main/codigo.htm>. Acesso em: 25 abr. 2004.

ACCOR. *Diversos dados pesquisados*. Disponível em: <www.accor.com.br/academia>. Acesso em: 25 abr. 2004.

BITTENCOURT, Ângela Brasil. *Direitos sindicais na internet*. Disponível em: <http://www.widebiz.com.br/gente/angela/direitosind.html>. Acesso em: 7 set. 2005.

BLUM, Renato M. S. Opice; ABRUSIO, Juliana Canha. *Direito autoral eletrônico*. Disponível em: <www.opiceblum.com.br>. Acesso em: 6 set. 2005.

BRASIL. Lei nº 9.279, de 14 de maio de 1996. Regula direitos e obrigações relativos à propriedade industrial. *Diário Oficial [da] República Federativa do Brasil*, Brasília, DF, 15 maio 1996. Disponível em: <www.senado.gov.br>. Acesso em: 24 maio 2004.

BRASIL. Lei nº 9.609, de 19 de fevereiro de 1998. Dispõe sobre a proteção da propriedade intelectual de programa de computador, sua comercialização no País, e dá outras providências. *Diário Oficial [da] República Federativa do Brasil*, Brasília, DF, 20 fev. 1998. Disponível em: <www.senado.gov.br>. Acesso em: 1 set. 2005.

BRASIL. Lei nº 9.610, de 19 de fevereiro de 1998. Altera, atualiza e consolida a legislação sobre direitos autorais e dá outras providências. *Diário Oficial [da] República Federativa do Brasil*, Brasília, DF, 20 fev. 1998. Disponível em: <ww.senado.gov.br>. Acesso em: 1 set. 2005.

CARREFOUR. Diversos dados pesquisados. Disponível em <http://www.carrefour.com.br/web/br/institucional/instituto.asp>. Acesso em: 7 set. 2005.

DIVERSOS órgãos brasileiros de combate à pirataria. Disponível em: <http://www.cultura.gov.br/legislacao/direitos_autorais/links/index.php?p=1102&more=1&c=1&pb=1>. Acesso em: 6 set. 2005.

FUNDAÇÃO VANZOLINI. *Norma de referência de privacidade online* (Protocolo 5803/2000)/outros assuntos pesquisados sobre a Fundação. Disponível em: <http://www.privacidade-vanzolini.org.br>. Acesso em: 25 abr. 2004.

INPI. Diversos assuntos pesquisados. Disponível em: <www.inpi.gov.br>. Acesso em: 25 abr. 2004.

INSTITUTO PÃO DE AÇÚCAR de Desenvolvimento Humano. Diversos assuntos pesquisados. Disponível em: <www.institutopaodeacucar.org.br>. Acesso em: 25 abr. 2004.

MONTEIRO, Carlos. *Universidades corporativas e universidades tradicionais*: a migração de créditos. Disponível em: <www.guiarh.com.br/ p6.htm>. Acesso em: 25 abr. 2004.

PAIVA, M. Lobato. (2002) O *monitoramento do correio eletrônico no ambiente de trabalho*. Disponível em: <www.advogado.adv.br/artigos/ 2002/mlobatopaiva/monitoramentoemail.htm>. Acesso em: 16 mar. 2004.

REINALDO FILHO, Demócrito. *Os desafios à propriedade intelectual na era da tecnologia da informação*. Disponível em: <www.infojus.com.br/ webnews/noticia.php?id._noticia=225>. Acesso em: 8 set. 2005.

ULIANO, Sueli Caramello. *Um peixe a mais, um peixe a menos*. Disponível em: <www.eticaempresarial.com.br>. Acesso em: 4 mar. 2004.

DVS Editora Ltda.
www.dvseditora.com.br